Daniela Clément

111
Dinge, die
Eltern kennen
müssen

W0236028

emons:

Bibliografische Information der Deutschen Nationalbibliothek
Die Deutsche Nationalbibliothek verzeichnet diese Publikation
in der Deutschen Nationalbibliografie; detaillierte bibliografische
Daten sind im Internet über http://dnb.d-nb.de abrufbar.

© Emons Verlag GmbH
Alle Rechte vorbehalten
© der Fotografien: Daniela Clément, außer: siehe Seite 238
© Covermotiv: shutterstock.com/zsooofija
Layout: Eva Kraskes, nach einem Konzept
von Lübbeke | Naumann | Thoben
Kartografie: altancicek.design, www.altancicek.de
Kartenbasisinformationen aus Openstreetmap,
© OpenStreetMap-Mitwirkende, ODbL
Druck und Bindung: CPI – Clausen & Bosse, Leck
Printed in Germany 2019
ISBN 978-3-7408-0617-0
Originalausgabe

Unser Newsletter informiert Sie
regelmäßig über Neues von emons:
Kostenlos bestellen unter
www.emons-verlag.de

Vorwort

Hurra, wir sind schwanger! Ist das schön, aufregend, irre und unglaublich toll. Jetzt ist also eins schon mal klar: Bald kommt da (mindestens) ein Kind! Aber wusstest du auch schon, dass du mit der Schwangerschaft Hunderte Abkürzungen, viel Latein und Englisch (dazu)lernen wirst? Dass du nicht nur deinem Kind, sondern auch Jesper Juul, einer Apotheke in Kempten und einer Giraffe aus Frankreich begegnen wirst? Hier erfährst du das alles – und noch viel mehr. Eine Art gedruckter Crashkurs, den man locker im Wartezimmer, in schlaflosen Nächten oder später beim Stillen lesen kann.

Denn wenn irgendjemand sagen sollte, was das Beste am Kinderhaben ist, dann wäre es bestimmt diese riesengroße Liebe, die so einmalig ist, klar. Aber ganz sicher wäre es auch, dass man so, so, so viele Dinge erfährt, von denen man vorher keine Ahnung hatte. Zum Beispiel die 111 in diesem Buch für Eltern und solche, die es werden. Viel Spaß dabei – und beim Elternsein überhaupt.

111 Dinge

1 Abkürzungen

SSW, CTG, tatütata

Wow, da liegt es also vor dir, das erste Ultraschallfoto des Babys! Und es ist: ein Mensch! Was für ein irres Wunder, und dann auch noch im Bild festgehalten. Wer nach den ersten Tagen des ungläubigen Anschmachtens dann mal einen genaueren Blick auf den Bildrand wirft, der findet gleich eine zweite Sache raus: Mit dem Baby treten auch erstaunlich viele neue Abkürzungen in dein Leben.

8. SSW? Sommer-Schluss-Wer? Okay, in dem Fall ist es noch easy, die Ärztin war so nett, die Schwangerschaftswoche auf die Aufnahme zu drucken. Mit 40 rechnen Mediziner insgesamt. Aber die SSW ist längst nicht alles. Gegen Ende der SS (Schwangerschaft) gibt es ein CTG, Frauen wünschen sich unter der Geburt eventuell eine PDA … da hört mancher nur noch den Zug am Bahnhof vorbeirauschen, den er versteht. Daher kurz im Schnelldurchlauf: Ein CTG ist eine Kardiotokografie. Mit einem äußerst cleveren Gerät werden gleich zwei Sachen auf einmal aufgezeichnet, die Herztöne des Babys und die Wehentätigkeit der Mutter. Klingt technisch, ist aber ein ziemlich verrücktes Erlebnis, das HERZ seines echten wirklichen BABYS im Bauch so wummern zu hören. Und wenn die Wehen erst zu sehen sind … na, dann wird es noch spannender.

Und PDA steht für Periduralanästhesie. Dass Mediziner aber nie mal Klartext reden können, kein Wunder, dass sich immer Abkürzungen durchsetzen. Gemeint ist jene Betäubung, die an der Wirbelsäule gesetzt wird und abwärts bis in die Fußspitzen wirkt. Das ebenso einfache wie geniale Resultat: Der Geburtsvorgang verliert an sensorischer Wucht, sozusagen. Das passiert übrigens nur selten am ET – klingt außerirdisch, ist aber der errechnete Termin. Wenn also eines Tages die Pubertiere in all ihrer Wortkargheit WhatsApps schicken, die nur noch aus Buchstabenkürzeln bestehen, dann wissen die Eltern: Angefangen hat das alles mit den ersten SSW.

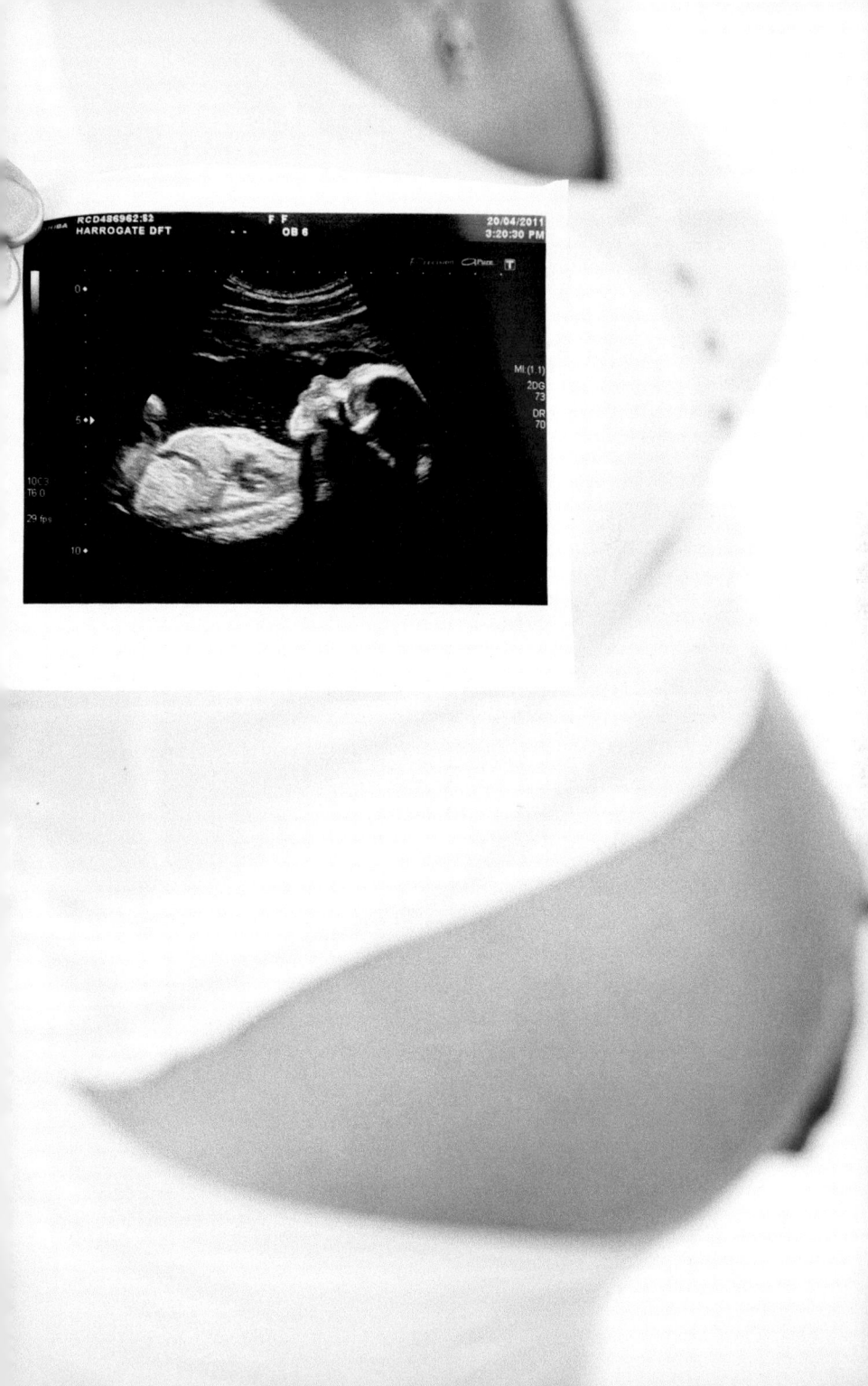

2 After-Baby-Body

Einmal Baby und zurück

»Wann ist es denn so weit?« – die Frage hat schon so manche Mama gestellt bekommen. Dooferweise NACH der Geburt. Denn auch wenn die eigentliche »Raumforderung« ihr Zuhause auf Zeit verlassen hat, wenn also das Baby schon umgezogen ist in den Kinderwagen, dann ist bei seinem Ex-Vermieter längst nicht wieder alles wie vorher.

Die logischste und oft auch am besten sichtbare Veränderung zeigt sich am Bauch. Denn neben dem Baby hatten hier noch jede Menge Fruchtwasser, die vergrößerte Gebärmutter und allerlei Zubehör Platz! Dafür haben sich Haut, Gebärmutter und die Bänder untendrunter gedeeeehnt. Da all das aber nicht aus Haushaltsgummi besteht und einfach zurückspringt wie ein Kuckuck in seine Uhr, dauert es eine Weile, bis sich alles wieder normal anfühlt. Und mit »eine Weile« ist nicht die Zeitrechnung von Supermodels gemeint, die nach drei Monaten wieder im Bikini an der Kameralinse interessierter Paparazzi vorbeischlendern. Die Faustregel für uns Normalos lautet: Neun Monate kommt's, neun Monate geht's.

Wichtiger als der kosmetische Aspekt ist in Wahrheit wohl jener der körperlichen Unversehrtheit. Der Beckenboden hatte nach einer Schwangerschaft neun Monate wachsendes Gewicht auf sich ruhen (und springen), er braucht hinterher Krafttraining. Ein Rückbildungskurs wirkt da meist schon Wunder, auch Yoga stärkt den Beckenboden ungemein. Kleine Wahrheit: Nicht alles und bei jeder Frau wird wieder wie vorher. Es ist eine Lotterie der anatomischen Souvenirs, die man zurückbehalten kann. Müttergruppen verabreden sich zum Beispiel sehr selten zum Trampolinspringen. Aber das ist einfach normal und gehört dazu! Nie vergessen: Das größte und wichtigste Überbleibsel der Schwangerschaft ist ein richtiges, echtes Kind! Wie also bekomme ich den *perfekten* After-Baby-Body? Habe einen Körper! Bekomme mindestens ein Kind! Schon fertig!

3_ Angst

Mit dem Herz in der Hand

»Ein Kind zu bekommen bedeutet, sein Herz vor sich herzutragen«, hat mal jemand gesagt. Denn wenn dein Kind auf die Welt kommt, ist es so klein, hilf- und schutzlos, dass neben die unfassbare Euphorie meistens ziemlich schnell ein anderes Gefühl tritt: Angst.

Es gibt Eltern, die nächtelang nicht schlafen, weil sie dem Atemfluss des Kindes lauschen müssen, um sicher zu sein, dass er nicht stoppt. Wer ein zweites Kind bekommt, hat Angst, dem ersten damit vielleicht nicht gerecht zu werden. Wer kein zweites bekommt, der hört die innere Stimme raunen: »Hast du keine Angst, dass es einsam wird?« Die Angst ist quasi der schräge Gast, der ohne Einladung zur Party mitkommt.

Das Verblüffende an all der Panik: Sie ist NORMAL! Mit Kind hat Angst plötzlich 1.000 Gesichter. Es gibt die Angst vor Krankheiten, dem eigenen Tod, der das Kind als Halbwaise zurückließe, Angst vor sozialem Abstieg, und generell die Angst, nicht alles »richtig« zu machen mit dem Wesen, für das man plötzlich die gesamte Verantwortung trägt. Es ist eine Angst, die aus Fallschirmspringerinnen Schisser und aus Berufsboxern zarte Blümchen macht!

Wie aber begegnet man diesem Gefühl, das ja auch nützlich ist? Denn nur wer Sorge hat, schützt das Baby davor, aus dem Bett zu rollen, Gegenstände zu verschlucken oder mit den ersten Schritten gefährlich zu stürzen. Wie dosiert man ein Gefühl, das da sein darf, aber nicht überhandnehmen sollte? Indem man sich Wahrscheinlichkeiten klarmacht zum Beispiel. Nie in der Menschheitsgeschichte war eine Kindheit sicherer als heute, nie überlebten so viele Neugeborene das Kleinkindalter. Zahlen sind klüger als Angst. Und egal, wie groß sie manchmal wird: Die Liebe ist mächtig, und mit ihr das Vertrauen in diesen neuen Menschen, der sich da gerade ins Leben kämpft. Ihn zu unterstützen, statt zu verunsichern, ist ein mächtiger Wunsch. Neben ihm sieht die Angst doch oft winzig aus.

4__Anna und Elsa

Ich lass looooos!

Mensch, Walt Disney, hätte er das noch mitbekommen! Aus dem Trickfilm-Pionier wurde ja schon zu Lebzeiten eine Ikone, aus seinem Namen ein Imperium der Phantasie. Aber das? Mit dem Film »Die Eiskönigin – völlig unverfroren« hat der Konzern sich ein Denkmal der Superlative geschaffen, das sich selbst in unserer superschnell getakteten Zeit erstaunlich lange an der Spitze der Beliebtheit hält. Keine Karnevalsparty ohne Anna und Elsa – und die beiden Prinzessinnen haben ein echtes Monopol geschaffen. Kein »SingStar«-Battle an der Playstation, ohne dass der Signature-Song »Ich lass los« nicht in Endlosschleife gesungen würde. Anna und Elsa sind Ikonen, und das Fieber packt schon Kindergartenkinder!

Denn natürlich hat der Disney-Konzern nicht nur einen Film gemacht, sondern auch das Merchandising bis in die hintersten Winkel des Kinderzimmers durchgestylt. Schultaschen, Shirts, Stofftiere, Puppen, Schmuck, Schminksets, Wintermützen wie Sommersandalen: Elsa ist überall, begleitet von ihrer gutmütigen Schwester Anna. Seit Ende 2013 der Film in die deutschsprachigen Kinos kam, sind die Schwestern ü-ber-all.

Wer also glaubt, er hat es nicht so mit Kino, mit Disney und Prinzessinnen, aus der Kindheit seiner Sprösslinge bleiben Anna und Elsa hübsch draußen, der hat sich eine echte Aufgabe gesucht. Denn jeder Hype kriecht heutzutage heimlich und unaufhaltsam durch Kita, Sportverein und Internet eben doch dahin, wo man ihn vielleicht gar nicht möchte: ins eigene Zuhause. Vielleicht ist es erst ein Radiergummi, dann ein Shirt, von irgendwoher schallt das Lied … aber egal, was es ist: Die Schwestern sind erst ein Team, dann verfeindet, sie haben Ärger mit Männern und Magie – kurz: Das ist fast vollkommen normaler Familienwahnsinn, und das alles, noch *bevor* sie Kinder haben. Irgendwie ist das ja auch … entspannend.

5 __ APGAR

Fünf Buchstaben, die die Welt bedeuten

Noch drei Wochen, noch zwei, noch eine – kaum eine Aufregung ist so allumfassend wie die vor der Geburt des Babys. Klar, dass die meisten Mütter und Väter sich wünschen, es sofort auf den Arm zu nehmen, anzusehen, zu kuscheln und zu beschützen. Klappt auch in den meisten Fällen, nur einen kleinen Test braucht es vorher: APGAR.

Mit diesen fünf Buchstaben arbeiten Hebammen und Ärzte eine Art Checkliste ab, anhand derer sie den Gesundheitszustand des Neuankömmlings bewerten. A steht für Atmung: Atmet es regelmäßig und kräftig? P für Puls: Schlägt das Herz? Zu schnell oder zu langsam? G für Grundtonus, also Körperspannung: Ist das Baby schlaff und schwach? Oder bewegt es sich und wirkt kräftig? A steht für das Aussehen. Damit sind nicht Modelqualitäten gemeint, sondern der Hautton des Babys, der viel über die Gesundheit aussagt: Ist er rosig? Oder sieht es blass oder sogar blau aus? R schließlich steht für die Reflexe: Zeigt es Reaktionen? Schreit und bewegt es sich?

Keine Sorge: Das Baby muss dafür so kurz nach seiner Ankunft nichts über sich ergehen lassen. Manchmal machen die Kliniken das sogar nahezu nebenher, wenn es friedlich auf dem Bauch der Mutter liegt. Pro Merkmal sind maximal zwei Punkte zu erreichen. Zehn ist der Höchstwert, dann ist alles in Butter. Aber auch acht gehen noch als gut durch, und ab sieben Punkte gilt der Zustand als angemessen. Wahrscheinlich wird die Hebamme das Kleine etwas massieren, eventuell bekommt es etwas Unterstützung durch Sauerstoff. Erst bei weniger als fünf Punkten braucht das Baby Starthilfe – Wärmebett, Sauerstoff, eine engere Überwachung. Der Test wird in der ersten, fünften und zehnten Minute nach der Geburt gemacht, und meist bessern sich schwache Werte in dieser Zeit bereits. Die wenigsten Kids starten mit einer vollen Zehn, sie müssen sich an ihre neue Umgebung ja erst mal gewöhnen!

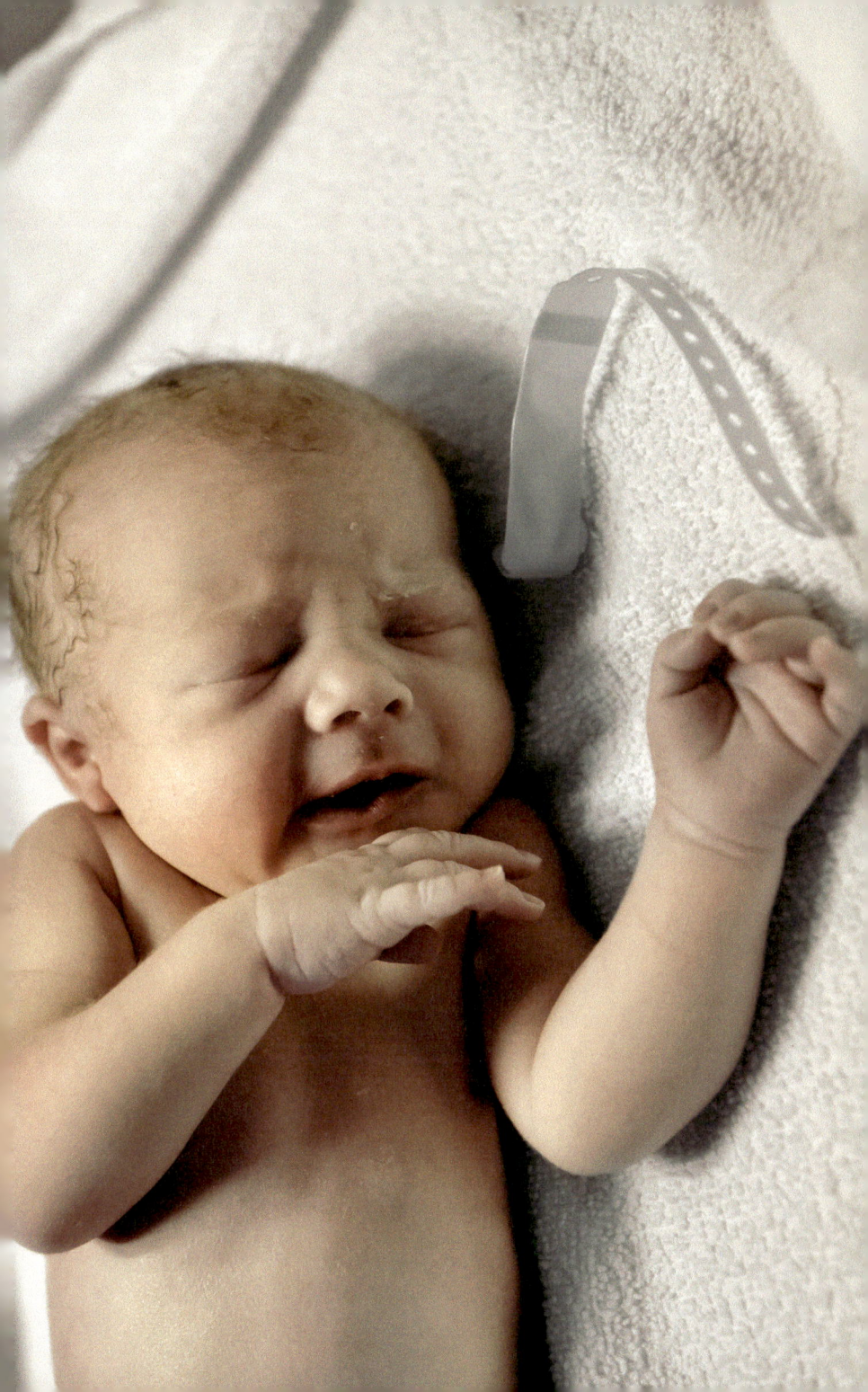

6 Attachment Parenting

Von Bindung und Bedürfnissen

Über dieses Thema wird manchmal hart diskutiert. Beim Attachment Parenting, übersetzt in etwa »Bedürfnisorientierte Elternschaft«, geht es um die Bedürfnisse des Säuglings. Die Idee geht zurück auf den Amerikaner Dr. William Sears, Kinderarzt und Professor für Kinderheilkunde, und seine Frau Martha. Die beiden entwarfen eine Art Leitfaden für die erste Zeit mit Baby. Berühmt geworden sind ihre sieben Bs, die am wichtigsten für das Kind sein sollen: 1. Birth Bonding, der Körper- und Augenkontakt von Mutter und Kind unmittelbar nach der Geburt, 2. Breastfeeding, das bedarfsorientierte Stillen, 3. Babywearing, das möglichst häufige Tragen des Babys, 4. Bedsharing, das gemeinsame Schlafen im Familienbett, und 5. Belief in Baby's Cries, also das Ernstnehmen des kindlichen Weinens. Dazu kommen 6. der Verzicht auf Schlaftrainingsprogramme und 7. Balance and Boundaries – damit ist gemeint, dass die Eltern eigene Bedürfnisse und Grenzen wahren müssen.

Die Lehre fand über die Jahre viele sehr engagierte Anhänger. Und rief Kritiker auf den Plan. Keinesfalls sei erwiesen, dass Kinder unter Attachment Parenting glücklicher würden, es fehlten schlicht Studien dazu. Andere meinen, dass vor allem die Mütter (auf sie zielt die Lehre hauptsächlich) mit dieser Philosophie doch nur den eigenen Bedürfnissen begegneten, nicht denen ihrer Kinder. Und manche Mütter fühlen sich unter Druck gesetzt, da sie den Empfehlungen nicht folgen können – sie halten die Ideen für unfeministisch, weil sie einen frühen (Wieder-)Einstieg ins Arbeitsleben verteufelten.

Es ist also wie so vieles, was einem als Eltern an Ratgeberliteratur begegnet: gut in der Idee, individuell in der Umsetzung. Attachment Parenting, darin sind sich aber alle einig, hat einen sehr positiven Hintergrund, denn es geht von einer Elternschaft aus, die das Kind maximal liebevoll begleitet und glücklich machen will.

Extra-Tipp Der Blog www.geborgen-wachsen.de beschäftigt sich sehr differenziert mit bedürfnisorientierter Elternschaft.

7 Baby-led Weaning

Wenn das Kind das Essen ordern könnte

Bekannt ist, dass Mediziner gern auf Latein umschwenken, wenn's spannend wird. Und die Entwicklungspsychologen? Auf Englisch! Fazit: Wer Kinder bekommt, kriegt Fremdsprachenkenntnisse obendrauf. Baby-led Weaning bedeutet »Babygeleitete Stillentwöhnung« und ist eine Methode, mit der Eltern ihre Babys oder Kleinkinder dabei begleiten, von (Mutter-)Milch auf Beikost umzusteigen – ohne den Umweg über Brei.

Zum Vergleich: Wer, wie es in vielen Kursen vorgeschlagen wird, eine Stillmahlzeit nach der anderen durch Beikost ersetzt, der macht streng genommen eine elterngeleitete Entwöhnung, denn dann teilt nicht das Baby selbst mit, ob es noch gestillt werden möchte. Beim BLW wird jede Mahlzeit daher zusätzlich zum Stillen angeboten. Und das nur, wenn das Baby schon Interesse am Essen zeigt.

Wer ein zweites Kind bekommt, macht das übrigens oft ganz automatisch. Denn Kinder haben feine Antennen und sind schnell der Meinung: »Was der oder die Große isst, will ich auch!« Klar, dass es für diejenigen mit winziger Speiseröhre und ohne Zähne schön weich sein muss. Möhre zum Beispiel darf nie roh sein, sondern muss so lange gekocht werden, dass sie sich am Gaumen zerdrücken lässt.

Entscheidend ist, dass das Kind gut zunimmt. Es greift mit Lust zu, es landet viel im Magen, und Milch bekommt es auch noch? Es gewinnt an Gewicht und ist fröhlich? Dann hat es ganz bestimmt Spaß daran, weiter leckere Beikost selbst greifen, lutschen und, ja, essen zu dürfen. Befürworter des BLW sagen, so werde das Kind später schlank und entwickle eher Lust auf eine breit gefächerte Ernährung. Skeptiker warnen, das Kind könne sich eine Mangelernährung anlachen, wohl für den Fall, die Eltern kämen auf die Idee, nur weiche Burgerbrötchen anzubieten? Die Wissenschaft erteilt weder der Breifrei-Methode noch der pürierten Beikost eine Absage. Wer also Brei füttert, muss sich auch nicht fühlen, als mache er was falsch.

8 Die Bahnhof-Apotheke in Kempten

Aus der Kleinstadt zu Weltruhm

Noch in den 1990er Jahren gab es kein Buch, in dem eine deutsche Hebamme ihr Wissen zusammengetragen hatte. Eine Marktlücke, denn viele Mütter (und Väter!) wollen nach dem Besuch ihrer Hebamme gern alles nachlesen. In diese Leerstelle stieß damals Ingeborg Stadelmann. Sie landete einen riesigen Erfolg, über 500.000-mal verkaufte sich ihre »Hebammensprechstunde«. Ein ähnlicher Erfolg war den Produkten beschieden, die sie mit der Bahnhof-Apotheke in Kempten entwickelt(e). Heute kennen Eltern auf der ganzen Welt die Tees, Salben und Öle aus Süddeutschland.

Knapp 200 »Original-Stadelmann-Aromamischungen«, 150 Tees und etwa 300 homöopathische Mittel zählen zum Portfolio. Sie profitieren von dem Trend der Naturheilkunde oder haben ihn selbst noch größer gemacht, wer will das heute noch so genau sagen.

So erfolgreich ist Stadelmann mit ihren Lehren zur Geburt und der Zeit danach und mit ihren Mitteln gegen die Begleiterscheinungen, dass bei der Vergrößerung der Bahnhof-Apotheke sogar der damalige Entwicklungsminister Müller vorbeischaute und bemerkte: »Wir sind alle ein Teil der Natur, und wer gegen die Natur lebt, der hat keine Zukunft.« Das ist doch ein schönes, unverfängliches Wort zum Thema Schwangerschaft und Geburt. Denn natürlich findet auch Stadelmann sich als Verfechterin »alternativer« Therapien, die Wissenschaftler »Pseudo« nennen, inmitten eines Grabenkampfes weltanschaulicher Überzeugungen.

Für viele Käufer der Produkte stellt sich die Frage nach dem Entweder-oder aber gar nicht. Sie nutzen das Dammöl in der Hoffnung, es möge ihnen den entscheidenden Vorteil unter der Geburt schenken. Und sollte das nicht klappen, ist die Medizin ja da. Vielleicht sind Schwangerschaftstees »unnötig«. Aber das Gefühl, das Wunder, das sich da gerade im eigenen Körper abspielt, zu unterstützen, ist toll.

Thymian-Myrte-
Balsam Kinder

Aromapflege in der Erkaltungszeit
Brust oder Rücken dünn einreiben
bei Babys unter 6 Monaten äußerst
sparsam anwenden

Bahnhof-Apotheke®
Apotheker Dietmar Wolz e.K.
87435 Kempten - Allgäu
Tel. 00 49 (0)8 31 - 5 22 66 11
www.bahnhof-apotheke.de

9 Die Bernsteinkette

Ein Fossil mit Tücken

Bernsteine sind für Kinder ab drei, vier Jahren eigentlich superspannend. Denn sie sind gar keine Steine! Die golden schimmernden Kiesel sind fossiles Harz und bestes Jackentaschen-Material. Immerhin sind sie ein echtes Naturprodukt, das schon vor Jahrtausenden als Schmuck diente und schon in der Antike als Heilmittel galt. Thales von Milet, vielleicht noch dunkel aus dem Mathe-Unterricht bekannt, soll Bernsteinen zum Beispiel die Fähigkeit zugeschrieben haben, Krankheitserreger »einzufangen«. Über die Jahrhunderte änderten sich die Sagen über Bernstein. Mal sollte er gegen Fieber helfen, mal gegen Inkontinenz. In Zeiten wissenschaftsbasierter Medizin ist von diesen wahllosen Zuschreibungen nichts mehr übrig; nur in der Esoterik überlebte der Mythos des Bernsteins als Heilstein. Wohl deshalb gilt eine Bernsteinkette manchen als Mittel gegen die Schmerzen beim Zahnen.

Die Wirkung wird von Anbietern der Ketten dabei ebenso blumig wie vage beschrieben. So heißt es, die Mutter solle die Kette eine Zeit lang tragen, dann sei es später ihre »Energie«, die sich auf das zahnende Baby übertrage. Andere sagen, es seien »ätherische Öle«, die beim Tragen über die Haut ans Baby abgegeben würden – und beruhigend wirkten. Die meisten Texte räumen ein, dass nichts davon wissenschaftlich nachweisbar ist.

Klar ist aber: So eine Kette kann ein Baby ernsthaft verletzen, wenn es sich damit stranguliert oder zum Beispiel irgendwo hängen bleibt und die Kette nicht reißt. Nicht auszudenken, was passiert, wenn eine Perle sich löst und im Schlaf eingeatmet wird. Diese realen Gefahren stehen also dem esoterischen Mythos gegenüber. Das Gute: Es gibt durchaus sichere Mittel, den Kleinen die Zahnungsphase zu erleichtern. Gekühlte Beißringe zum Beispiel oder ein kalter Waschlappen. Mit dem Lutschen und Nagen lenkt sich das Baby meist prima vom Schmerz ab – und das ganz gefahrlos.

10 Das Blitzbaby

Schneller als die Polizei da ist

Ach, was macht man sich vor der Geburt Gedanken! Wann setzen die Wehen ein? Wie lange werden sie dauern? Lange vorher packt man die Kliniktasche mit Traubenzucker und Erdnüssen. Viele Mütter bereiten sich gewissenhaft auf einen echten Wehen-Marathon vor. Aber dann gibt es immer wieder Babys, die einen rasanten Start ins Leben nehmen und von der Presse »Blitz-Babys« genannt werden: Sie kommen so kurz nach der ersten Wehe, dass keine Zeit für Snacks ist, ja nicht mal für den Weg ins Krankenhaus. Sie brauchen maximal drei Stunden! So werden sie zur spontanen Hausgeburt, kommen im Auto zur Welt oder sogar im Restaurant.

Das passiert meist nicht bei der ersten Geburt, sondern dann, wenn der Körper der Mutter das Gebären schon gelernt hat. Selten ist es dennoch: Experten gehen von maximal einem von 100 Babys aus, dessen Geburt überstürzt abläuft. Jetzt heißt es Ruhe, Ruhe, Ruhe. Hilfe besorgen – und wenn es die Nachbarin ist, die dann Feuerwehr und Hebamme rufen kann. Und dann gilt es, alles so gut zu managen, wie es eben geht.

Geburten sind die natürlichste Sache der Welt. Wenn ein Baby so schnell kommt, ist in den allermeisten Fällen seine Situation ganz einfach optimal: Die Wehen sind stark, der Muttermund geöffnet, die Position perfekt – da ist der Weg eben auch frei.

Wenn irgendwie möglich, dann wäre es natürlich super, nicht zu pressen, um sich und dem Baby Zeit zu verschaffen. Aber das sagt sich so leicht! Manchmal muss das Kleine eben kommen, dann heißt es helfen, so gut es geht. Zuerst das Köpfchen bei der Geburt unterstützen, damit das Hinausgleiten gelingt. Ist das Baby da, braucht es Wärme! Selbst in der gut geheizten Klinik bekommt es ein Mützchen, also muss nun eine Decke, ein Handtuch oder eben Mamas Kleidung her. Hat es Schleim oder Blut in der Nase? Beherzt freisaugen! Und ab auf die Brust mit dem Kleinen. Willkommen auf der Welt!

Extra-Tipp Die Telefonnummer der Hebamme ins Handy speichern und an den Kühlschrank hängen! Für den Fall, dass es mal hektisch wird …

11 Body Positivity
Schön, schön, but different

Mit dem Kult um den eigenen Körper ist es so eine Sache. Seit Jahrzehnten gilt es in weiten Teilen der Bevölkerung als Zeichen der Leistungsbereitschaft, sein eigenes Aussehen zu kontrollieren und durch Sport, Ernährung und Co. dem geltenden Schönheitsideal anzupassen. Hinzu kamen OPs, um auch das Unmögliche möglich zu machen. Hier trifft nun eine Schwangerschaft so manche Frau wie der Blitz, denn die Auswirkungen lassen sich eben nicht alle kontrollieren oder durch Leistung wettmachen. Bei Dehnungsstreifen zum Beispiel helfen nicht mal Operationen. Frust bringt nun aber auch nichts, und aus der absoluten Notwendigkeit, den eigenen Körper zu akzeptieren, hat sich insbesondere bei Müttern die Bewegung der Body Positivity entwickelt, unter deren Hashtag viele Frauen zeigen, wie sie nach der Schwangerschaft aussehen.

Allzu viel erwarten darf man von der Fotoschwemme nicht. Denn zum einen gerät sie natürlich trotzdem zu einer Leistungsschau, bei der von der Natur gesegnete Frauen ihr unversehrtes Bindegewebe der Marke Hart-wie-meine-Acrylnägel zeigen, auf der anderen Seite gibt es jedoch die »ehrliche« und »authentische« Fraktion, die Fett, Dehnungsstreifen und Hautfalten zeigt, die sie als Teil ihres Lebens zu akzeptieren gelernt hat und nun ihrerseits als »schön« bewertet. Was aber bleibt zurück? Minderwertigkeitsgefühle, wenn man sich mit den Gesegneten vergleicht, eine Mischung aus Angst und Respekt vielleicht, blickt man der anderen Realität ins Auge.

Nicht jede(r) entwickelt die buddhistische Gelassenheit, auch Makel an sich »schön« zu finden. Und, zack!, hat man wieder einen Grund, sich minderwertig zu fühlen, weil man in Selbstakzeptanz versagt? Immerhin: Die zu lernen ist eine gute Idee. Vielleicht muss man ja nicht immer danach streben, alles schön zu finden. Vielleicht reicht es, seinen Körper für seine unfassbare Leistung zu bewundern.

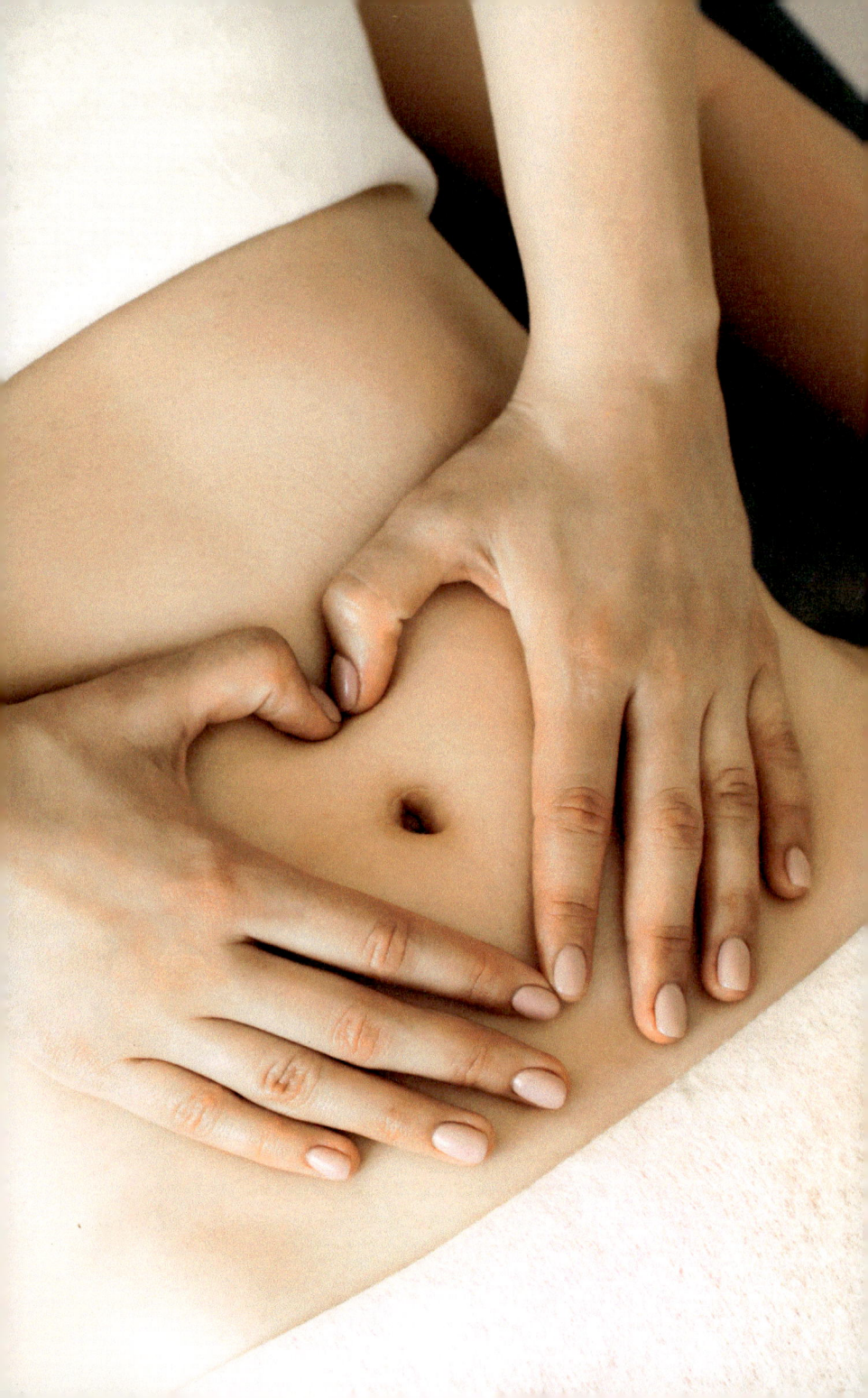

12 Der Bottle-Flip

Sie werden so schnell wunderlich

Gerade noch hältst du dein rosiges Baby im Arm, schließt dreimal die Augen – und schon schlurft es in Sneakers aus der Schule nach Hause und bringt komische Kunststückchen mit ins Familienleben. Zum Beispiel den Bottle-Flip!

Solche Moden haben heute nur noch englische Namen, weil es globale Phänomene sind. Früher war es ja so: Die Mädchenclique der 3b einigte sich modisch auf bordeauxfarbene Converse-Sneakers, Mini-Trend, fertig. Heute: Influencer macht was in einem YouTube-Clip vor, auf Schulhöfen rund um den Globus fliegen die Flaschen. Denn das ist einer der jüngsten Trends! Man nehme dafür eine Plastikflasche, etwa zu einem Drittel gefüllt mit Wasser, schleudere sie in die Luft und flippe aus, wenn sie stehend landet. Auf dem Flaschenboden ist okay, auf dem Deckel ist besser. Und wenn die Flasche deckelabwärts auf dem Deckel einer anderen Flasche landet, dann ist das das Maximum.

Aber wer's nicht filmt, der hat's nicht erlebt. Und die Messlatte auf YouTube liegt buchstäblich hoch. Da fliegen Flaschen auf Dächer, in Gruppen synchron geschleudert, Treppen runter und rauf. Es gibt Flaschen in Turnhallen, von Wolkenkratzern und auf Bergen. Jeder einzelne Clip ist immer kaum länger als ein paar Minuten, die Arbeit dahinter muss allerdings Tage gedauert haben. Da können schon mal ein, zwei Phantastillionen Versuche gefloppt sein, bis die Flasche so landet, wie man sich das vorstellt. Im Familienalltag sieht das so aus: Das Handyladegerät ist dauerbelegt. Sobald es nicht belegt ist, ist aus dem Kinderzimmer das stumpfe Poltern halb gefüllter Plastikflaschen zu hören. Und irgendwann kommt er, der erlösende Jubelschrei. Dann ist der Wahnsinn aber nicht etwa vorbei: Sofort geht es nämlich an die nächste Herausforderung. Höher, schneller, weiter. Der große Trost: Immerhin ist es Bewegung, die Kids sind vom Bildschirm weg, und in der Gruppe funktioniert es auch.

13 Bringdienste

Die Nummer(n) gegen Stress

»Babymoon« nennen viele die erste Zeit mit dem Kind: Flitterwochen, kennenlernen, Familie werden und so viel Magie. Es ist, als platzte die Wohnung plötzlich vor Liebe! Leider gibt es aber eine Kleinigkeit, die sich in die familiäre Romantik drängelt: der Alltag. Waschen, essen, putzen, aufräumen, abkochen, einkaufen, es reißt nicht ab. Da ist es gut, ein paar Nummern zur Hand zu haben. Wer nicht völlig abgelegen wohnt, der kriegt heutzutage fast alles ins Haus. Lieferdienst rein, Stress raus!

Denn manchmal ist es so: Man packt sein Baby 35 Minuten in Klamotten und Trage ein, öffnet die Tür – und schon ist die Windel voll bis in den Nacken. Also zurück in den vierten Stock, Klamottenwechsel – rum ist eine Stunde, und das Kleine hat Hunger. Danach ist Zeit für Rülpsen und Schlafen, dann ist es vielleicht erst mal nicht in der Laune, angezogen zu werden: Zack, Tag vorbei, keine Einkäufe im Haus, die Bude sieht aus wie in einer Reality-Show, und zum Gefühl, dass 1.000 Dinge fehlen, kommt noch jenes, es nicht hinzukriegen oder sich nicht mehr ganz so wohlzufühlen im eigenen Leben. »Ich will meine ordentliche Wohnung zurück«, flüstert eine innere Stimme, »oder wenigstens mal keine vollgekotzten Klamotten!«

Statt sich jetzt zu stressen und Gefühle auf organisatorische Themen zu verschwenden, zückt man besser das Handy und bestellt sich den Supermarkt nach Hause, lässt eine Putzhilfe kommen, ordert sich Essen. Die Apotheke liefert die Stillpads auch per Post, die Gemüsekiste steht schnell vor der Tür. Und wer ein stilltaugliches Kleid braucht, hat im Internet die Auswahl. Sogar Blumen für die tollste frischgebackene Mami der Welt lassen sich liefern.

Die innere Stimme quakt weiter? »Jetzt komme ich ja gar nicht mehr aus dem Haus!« Doch. Zum Abendspaziergang, ganz früh am Morgen oder spontan zwischendurch. Aber dann ganz ohne Druck.

14_ Conni

Mit ihr ist immer was los – nicht

Conni ist ein Faszinosum der Kinderbuchliteratur, an dem wirklich niemand vorbeikommt. Der Grund ist einfach: Es gibt Conni in Buchform für Kleinkinder, Schulkinder und Teenies. Als Hörspiel und zum Glotzen. Sogar als Musical! Und Conni hat es gleich auf zwei Arten zu Ruhm gebracht. Denn erstens kennt sie natürlich beinahe jedes Kind. Zweitens aber avancierte sie über die Jahre zur Hassfigur vieler Eltern.

Selbst Kolumnist Tillman Prüfer arbeitete sich in der »Zeit« an ihr ab, und seine erschöpfte Kritik traf dabei genau den Ton vieler Erwachsener: Conni ist einfach so normal, dass es für Eltern nachgerade ein schweres Opfer ist, ihre Storys vorzulesen. Conni feiert Weihnachten. Conni fährt Ski. Conni geht aufs Töpfchen. Conni geht in den Kindergarten. Es sind solche Alltagskracher, die ohne sonderlich viel Phantasie auskommen und Eltern deswegen so langweilen: Kinder spiegeln sich in Conni, sie lernen an ihr, sie erkennen ihr Leben. Das macht Conni so erfolgreich in der Zielgruppe.

Eltern aber kennen den Alltag mit ihren Kindern, sie möchten ihn nicht tagtäglich in geglätteten Versionen der Realität noch mal lesen. Der Verlag, der sämtliche Conni-Bücher herausgibt, beschreibt treffend: »Dabei ist Conni weder so stark und wild wie Pippi Langstrumpf noch so verrückt wie das Sams« – man könnte also sagen: Conni hat das Genre der Normopathie-Literatur begründet. Ausweg? Nicht anschaffen! Oder lesen und sich, wenn nicht über die Handlung, dann doch wenigstens über die Reaktionen der eigenen Kinder freuen. Oder auf Twitter gespannt auf den nächsten irren Vorschlag genervter Eltern warten. Sie plädieren für Titel wie »Conni nimmt Drogen«, »Conni kriegt neue Brüste« oder mindestens »Conni hat Pickel«. »Conni hat Läuse« wird schon mal als »ekliger« als »Feuchtgebiete« abgeurteilt. Zack, Welt in Ordnung! Denn Lachen, das hilft fast immer beim Elternsein.

15 Die Co-Schwangerschaft

Papi kriegt ein Kind!

Klingt im ersten Moment schräg, ist aber wahr ... Die Wissenschaft hat bewiesen: Männer sind co-schwanger! Sie gucken nicht nur zu, sie machen mit – im Rahmen ihrer Möglichkeiten.

Darüber machen die Männer gern Witze, wenn der eigene Bauch anfangs schneller wächst als der der schwangeren Partnerin zum Beispiel. Forscher weltweit haben sich schon lange mit dem belächelten Phänomen beschäftigt. Ihr Fazit: Männer, die (wieder) Vater werden, entwickeln ähnliche Symptome wie schwangere Frauen. Nicht alle, aber viele (die Zahlen sind je nach Studie sehr verschieden). Das nennt sich Couvade-Syndrom (französisch *couvade* = Nestbau)!

Die Probleme umfassen die volle (eigentlich mütterliche) Symptom-Palette: Kopfschmerzen, Sodbrennen, Schlafstörungen, sogar Morgenübelkeit zählen dazu. Auch postnatale Depressionen treten bei Vätern gehäuft auf. Niedriger pendelt sich dagegen der Testosteronspiegel ein. Dafür haben Evolutionsbiologen eine mögliche Erklärung: So stellt die Natur sicher, dass der Vater bei seiner Familie bleibt. Nach dem Motto »Je weniger Testosteron, desto weniger Weibchenjagd, desto mehr Nestbau«.

Für den Rest der Symptome gibt es nicht die eine schlüssige Erklärung. Die Antwort fällt je nach Fachgebiet derer aus, die man befragt. Psychologen sehen darin psychosomatische Beschwerden, ausgelöst durch den einschneidenden Umbruch. Biologen halten es für möglich, dass die Pheromone der schwangeren Frau auf ihren Partner (oder ihre Partnerin, auch bei gleichgeschlechtlichen Paaren gibt es das Phänomen) wirken. Klar ist das lästig. Vielleicht aber ist es auch eine schöne Beobachtung: Man(n) ist nicht Außenstehender während der Schwangerschaft, sondern selbst mittendrin. So wie Schwangere sich über die ersten Tritte freuen, tun Co-Schwangere das eben über das erste Kilo mehr oder den ersten sentimentalen Anfall.

16 Der Dab

Eine weltweite Bewegung

Wenn Kinder sich früher gefreut haben, sind sie getrippelt, gehüpft, irgendwie haben ihre Gefühle ihre Gliedmaßen übernommen, und sie taten *irgendwas*. Heute ist das anders! Spätestens mit der Einschulung ist Freude der Grund für eine Art Mini-Choreografie, die seit ein paar Jahren ausgehend von den USA die Kinder der Welt erobert hat: der Dab.

Und der geht so: Das Kind hat Grund zur Freude. Mit Einsetzen des Gefühls hebt es einen Arm in abgewinkelter Stellung an und lässt den Kopf in die Armbeuge sinken. Den zweiten Arm streckt es parallel zum ersten Unterarm in Richtung Himmel. Das sieht aus, als niese es sich auf der einen Seite in die Armbeuge und mache auf der anderen Seite einen unwillkürlichen Move.

Woher das kommt, darüber sind sich die Menschen nicht ganz einig. Wikipedia fasst die komplexe Gemengelage in einem einigermaßen unübersichtlichen Eintrag zusammen. Er sagt, sie sagt … na, jedenfalls kommen mehrere Rapper als Urheber in Frage. Ist aber auch egal, der Dab ist jetzt in der Welt, er wurde von allen großen Zeitungen als kulturhistorisches Phänomen des digitalen Zeitalters analysiert, und den Kids geht das am Ellenbogen vorbei. Wichtig ist nur, dass der Dab drei wichtige Zutaten hat! Erstens: Erwachsene machen ihn nicht. Zweitens: Er sieht cool aus. Und drittens: Er macht Spaß. Er ist der Sekunde gewordene Samba, der Torjubel der Nichtsportler, das Logo kindlicher Freude.

Wahrscheinlich wird er irgendwann von einer neuen Bewegung abgelöst. Das wäre dann schade, denn der Dab könnte einen super Nebeneffekt haben: Er trainiert den Bewegungsablauf, bei dem der Kopf in die Armbeuge geführt wird, ganz toll. *Tatsächlich* beim Niesen angewandt, könnte er die Ausbreitung von Erkältungsviren an Bildungseinrichtungen eindämmen. Und Millionen Eltern blieben von der jährlich wiederkehrenden Krankheitswelle verschont. Dab sei Dank!

17＿Der Dammriss

Raus, raus, das Ziel heißt: raus

Wer sich nie mit dem Thema Geburten beschäftigt hat, der ist selig und denkt bei »Dammriss« vielleicht an die Jägersprache oder einen Konstruktionsfehler bei einem Mega-Staudamm. Wer aber davorsteht, ein Kind zu bekommen, wird unter diesem Stichwort mit einem der respekteinflößendsten Aspekte der Geburt konfrontiert. Ein Dammriss, und das tut schon beim Lesen ein bisschen weh, geschieht, wenn Köpfchen oder Schultern auf den letzten Zentimetern in die Welt unterwegs sind.

Dann greifen Ärzte unter Umständen beherzt ein (auch mit einem Dammschnitt, wenn das Kind sonst in Not wäre) und schaffen Platz. Oder der Druck des Babykörpers übernimmt das. Dann gibt jenes Gewebe nach, das (von den meisten Frauen bis dahin unbemerkt) Scheide und After trennte. Effekt: Es wird Raum geschaffen für die Geburt. Nebeneffekt: Das wird nachher genäht und ist medizinisch eine kleine Komplikation.

Es gibt Empfehlungen, diesem Riss vorzubeugen, durch Sitzbäder und Dammmassagen ab sechs Wochen vor der Geburt etwa. Im Sitzen zu gebären soll helfen, denn dann ist die Schwerkraft hilfreich. Aber hier kann buchstäblich niemand aus seiner Haut, ein Dammriss ist auf keinen Fall die Folge eines Versäumnisses!

Während der Geburt, und das ist tröstlich, bleibt ein Dammriss oft unbemerkt, weil er während einer Wehe geschieht. Und musste er genäht werden, dann kann das beim Sitzen, Toilettengang oder bei Bewegungen schmerzen. Aber das geht vorbei! Der weibliche Körper leistet unfassbare Dinge auf dem Weg zur Geburt – und danach. Ein magischer Hormoncocktail sorgt nicht nur dafür, dass jetzt Milch fürs Baby vorhanden ist, sondern auch für unvergleichliche Glückseligkeit. So gedopt, bewerten Mütter den Schmerz oft als gar nicht so wild – im Nachhinein. Und Milliarden Zweitgebärender sind der Beweis: Es dauert nicht lange, und der Dammriss ist vergessen.

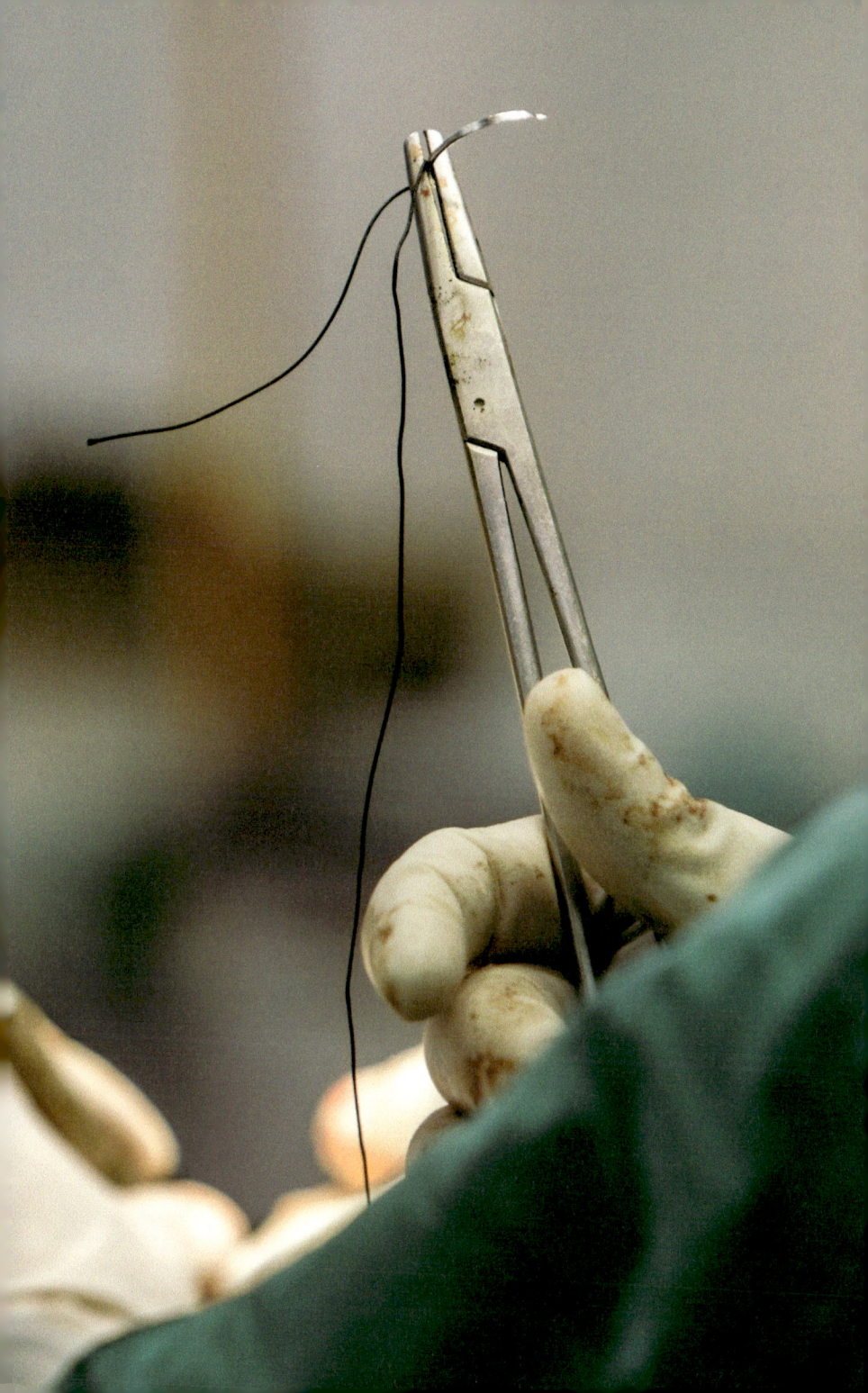

18 Deine Freunde

Der Soundtrack zum Familienleben

Ohne neue Kinder wären Kinderlieder bald ausgestorben. Oder gibt es irgendwo Erwachsene, die einander »La-Le-Lu« vorsingen? Nö! Deswegen ändern sich mit dem Kind nicht nur die Wohnung, der Körper, die berufliche und finanzielle Situation – sondern auch der Soundtrack, der durch die Zimmer dringt. Nicht nur die Eltern trällern Klassiker! Denn es ist ziemlich cool, dass es heute eine große Szene begabter Songwriter gibt, die (auch) Mucke für Kinder machen!

Zum Beispiel »Deine Freunde«. Die machen nämlich ziemlich intelligenten Hip-Hop für die Generation Gerade-aus-der-Windelraus. Und für Ältere, denn das Ganze funktioniert bis zum Ende der Grundschule sehr gut. Auf den Konzerten, die immer schnell ausverkauft sind, sind sowohl Kinder als auch Eltern glücklich, weil die Melodien raffiniert, der Wortwitz gewaltig und die Themen der Songs bunt sind. Der Groove ist einer Nation würdig, die vor mehr als drei Jahrzehnten mit den »Fantastischen Vier« den Deutschen Hip-Hop gefunden hat.

Und natürlich sind »Deine Freunde« nicht die Einzigen. Es gibt die »Unter deinem Bett«- und »Giraffenaffen«-Compilations, auf die die besten Liedermacher des Landes unfassbar originelle Songs für Kinder gepackt haben. Nicht nur Hip-Hop, sondern alles, was gut ist und Spaß macht.

Übrigens darf man aber auch die klassischen Kinderliedermacher wie Rolf Zuckowski oder Volker Rosin nicht unterschätzen. Die Raffinesse ihres kreativen Schaffens offenbart sich eben erst, wenn man selbst Kinder hat. Wenn man hautnah erlebt, was die Kids bewegt – und dankbar darüber staunt, wie es all den engagierten Schreibern von Kinderliedern gelingt, all das in Begeisterung für Musik und Tanz zu übersetzen. Ach, und wenn Eltern, Familie oder Wahlverwandte abends dann doch »La-Le-Lu« singen, dann ist auch dieses Stück Musik vor dem Vergessen gerettet.

19 Dentinox

Mund auf, Tube rein, müde sein

In der Apotheke erkennt man Eltern auch dann, wenn sie ihre Kinder mal nicht dabeihaben, an der Bestellung natürlich. Zum Beispiel ein Evergreen der häuslichen Eltern-Apotheke geht dann häufig über den Tresen: Dentinox.

Das kennen nur Eltern, von denen aber wahrscheinlich alle, wenn sie ihre Kinder nicht in einem abgelegenen Bergdorf gebären und großziehen. Denn der Kram hilft, und zwar gegen ein wichtiges Problem, das in ausnahmslos jeder Familie auftritt: Es lindert den Schmerz beim Zahnen. Das ist aber auch kein Wunder, denn in der gelblich schimmernden Salbe versteckt sich der betäubende Wirkstoff Lidocain. Klar, Kamillentinktur steckt auch drin, das ist das, was den Geruch verursacht, genauer gesagt Alkohol mit Kamille. Sie soll entzündungshemmend wirken. Dazu kommen eben noch Lidocain und Polidocanol. Letzteres hilft auch gegen Juckreiz bei Windpocken, und Ersteres kennen die Älteren unter uns vielleicht schon von Hämorrhoiden-Creme. Das Wirkungsprinzip ist (das ist unromantisch, aber biochemisch plausibel) oben wie unten gleich: auf die Haut aufgetragen, betäubt das Zeug.

Daraus wird schon klar: Ewig benutzen kann man es nicht, ist schließlich ein Medikament. Vor dem Einsatz von Lidocain sollten gekühlte Beißringe und/oder gekühltes Obst stehen, in der Drogerie gibt es auch Beißstäbchen, die das Baby schon früh selbst halten kann. Aber wenn ein Baby sich mit den Zähnchen dennoch quält und man als Eltern die Wahl hat, die Stelle entweder lokal mit dem Gel zu betäuben oder eine weitere Horrornacht durchzumachen, dann ist das mit dem Dentinox doch für viele Eltern irgendwann eine Alternative.

Wie immer: Beipackzettel lesen, auf Nebenwirkungen achten und den Arzt fragen, ist doch klar. »Bona Nox«, betitelte Mozart ein frühes Werk, viele Eltern haben ihren eigenen Reim darauf.

20___Elternabende

Kleine Kinder, kleine Probleme?

Eltern seufzen oft halb sehnsuchtsvoll diesen Spruch: »Kleine Kinder, kleine Probleme – große Kinder, große Probleme!« Und sie haben in den allermeisten Fällen ja recht – nur leider weiß man das erst, wenn die Mädels und Jungs groß sind. Auf dem Weg dorthin scheint schlicht jedes Problem das größtmögliche zu sein. Und ebendieses Gefühl ist bei manchen Eltern sehr ausgeprägt. Zu beobachten ist das auf Elternabenden. Dann werden auch aus nichtigen Problemen ruckzuck gewaltige.

Und mitgefangen heißt hier gnadenlos mitgehangen! Auch wenn dir persönlich das Thema komplett schnurzegal ist: Sobald ein Elternpaar sich vorgenommen hat, die Diskussion über Bio-Gemüse in der Kita bis Mitternacht auszufechten, dann hängst du da mit drin. Und auch *keine* Meinung (»Das ist mir doch scheißegal!«) ist eine Meinung, denn sie kann mindestens als Gleichgültigkeit kritisiert werden. Das ist dann nur eine Stufe entfernt von »Das RTL-Kamerateam steht vor der Tür, um euch Flodders mal auf den Zahn zu fühlen, denn wem Bio-Food egal ist, der ist wahrscheinlich auch ein Messie.« So schnell kann es gehen: Wer nicht als indifferent dastehen will, legt sich eben doch ratzfatz eine Meinung zu und muss dann wortreich vertreten, warum konventionell angebautes Gemüse in einer landwirtschaftlich ausgebeuteten Welt »egal« sein soll!

So irre sind die Veranstaltungen manchmal, dass Eltern sich gegenseitig bestechen, um nicht hingehen zu müssen. Dass der Daheimgebliebene dem anderen EINIMPFT, sich nicht zum Elternvertreter wählen zu lassen! Gar nicht so leicht, bei 18 Minuten schwer aushaltbarer Stille im Raum. Mein Gott, haben wir nicht alle eine Verantwortung? Langmut heißt das Rezept, mit dem man solche Situationen am besten durchsteht. Damit hat man auch schon das Geheimnis für die großen Probleme. Für später. Eine Lektion fürs (Eltern-)Leben!

21_ Elternblogs

Endlich sagt's mal einer

Früher war nicht alles besser. Denn früher war Vergewaltigung in der Ehe nicht strafbar, Alleinerziehende wurden gesellschaftlich an den Rand gedrängt, und rund ums Thema Elternschaft gab es einen Haufen Tabus. Das Stillen langweilt nach ein paar Monaten? Du findest keinen Draht zur Spielplatz-Community? Dein Mann hält sich aus Haushalt und Kinderpflege komplett raus? Du bist überfordert, einsam, nicht so glückselig, wie andere vielleicht denken? Willkommen in der Welt der Normalos! Denn du bist nicht allein. Das zu verstehen und anzunehmen, dabei helfen unzählige tolle, kluge, gut gemachte Elternblogs.

Anfangs wurden die als Spielerei gelangweilter Mütter abgetan, die traditionellen Medien schossen gegen die Selfmade-Veröffentlicher, denn wo kämen wir denn hin, wenn jetzt einfach jeder schreiben würde, der Lust darauf hat? Tja, dahin: Das Internet hat den Printmedien den Rang als Infoquelle für Eltern längst abgelaufen. In unzähligen Blogs gibt es liebevoll, akribisch und klug aufbereitete Recherchen zu jedem nur erdenklichen Thema. Da gibt es die, die sich mit dem Stillen beschäftigen, Prädikat hilfreich! Blogs, die Geschlechterungleichheiten aufdecken, die sich erst mit Kind auftun. Oder jene, die Kinder mit Autismus, High-Need-Kids oder Schreibabys behandeln. Meistens bieten sie eine Mischung aus persönlicher Geschichte und sachlichen Informationen.

Aber der Verdienst der Blogs geht über solche Hilfestellungen hinaus. Denn Blogger legen seit Jahren unermüdlich ihre digitalen Finger in die realen Wunden deutscher Familienpolitik. Sei es der Hebammen-Missstand, die Benachteiligung von Müttern auf dem Arbeitsmarkt oder der Notstand bei Kita-Plätzen: Sehr oft schaffen es die Themen der Klick-Millionäre bis in die Politik, und FamilienministerInnen besuchen Elternblog-Treffen. Und die traditionellen Medien? Haben ihre neue Rolle auch angenommen. Sie beauftragen nun Blogger als Experten.

22 Das Elterngedeck

Kaffee und Cola

Es gibt Themen, die ziehen eine klare Trennlinie zwischen Eltern und Nicht-Eltern. Müdigkeit zum Beispiel. Bei Menschen ohne Kids steht das Wort für einen konditionellen Durchhänger, behoben mit einem Mittagsschlaf oder einmal früh ins Bett gehen. Bei Eltern ist Müdigkeit oft das neue Lebensgefühl. Ein wesensverändernder, den Alltag bestimmender, über allem schwebender Zustand, aus dem man nicht so leicht rauskommt. Schlaf ist aber dann eben nicht so einfach zu kriegen. Daher die Abhilfe: Koffein.

Hebammen haben den klugen Tipp: »Schlaf, wenn das Baby schläft!« Nutze also die Stunde, schnapp dir den Mittagsschlaf, geh um 17 Uhr ins Bett, bleib drin bis um elf, alles egal. Hauptsache, die Bilanz von Stunden mit offenen und geschlossenen Augen sieht irgendwie gut aus.

Aber in manchen Fällen klappt das nicht. Zum Beispiel beim zweiten Baby. Denn dann schläft ja nur noch ein Wirbelwind. Nummer eins freut sich tierisch, wenn das neue Baby pennt, und dreht noch mal extra auf. Spielen, kuscheln, Mami oder Papi mal ganz für sich allein haben: Yippieeeeh! Ist ja auch cool, dann Zeit für das ältere Kind zu haben.

Oder bei Krankheiten. Schlaflosen Phasen. Neuheiten und Umstürzen wie der KiTa-Eingewöhnung. Gräbt alles die Augenringe tiefer ins Gesicht der Eltern, denn: kein Schlaf, nirgends. Beliebtes Elterngedeck daher: Kaffee und Cola. Bei Migräne kommt noch ein Schmerzmittel obendrauf. Das ist nicht gesund, nicht klug und ganz bestimmt keine langfristige Lösung. Aber es ist eben ein Ausweg für den Nachmittag, den es zu überstehen gilt. Für den Morgen, an dem der Puls aus dem Keller gehievt werden muss, damit das Gehirn wieder einstempelt. Und was ist schon von Dauer in einer Phase, in der die Kleinen allwöchentlich neue Klamotten brauchen? Richtig: nichts. Also nicht verrückt machen. Schlaf zulassen, wann immer er möglich ist. Und Mut zur Koffeinkeule!

23__Embryotox

Frag doch das Internet!

Okay, die Unterüberschrift ist als Scherz gedacht. Denn die Gleichung aus medizinischer Fachfrage und Kind kann nie die Lösung »Internet« haben. Aber wer mag hier Experten von Laien unterscheiden? Nach dem Motto »Unglaube wiegt so schwer wie Wissen« setzen hier viele Ideologie vor Beweis. Deswegen Finger weg von der Tastatur, wenn die Gesundheit des Kindes auf dem Spiel steht: Im Ernstfall helfen nur Fachleute zuverlässig. Aber es gibt eine Ausnahme: Embryotox. Hier haben nämlich Experten eine Beratungsplattform geschaffen.

In der Ärzten eigenen Sperrigkeit beschreibt ein Fachmedium das so: »Das Pharmakovigilanzzentrum für Embryonaltoxikologie an der Charité Berlin stellt ein umfangreiches qualitätsgesichertes Informationsangebot zur medikamentösen Behandlung von Schwangeren und Müttern in der Stillzeit zur Verfügung« – übersetzt heißt das in etwa: »Super Experten von einer berühmten Klinik, die es sogar zur Fernsehserie geschafft hat, verraten, welche Medikamente für Schwangere und Stillende tabu sind, weil sie giftig sein können fürs Baby – im Bauch oder danach.«

So. Und das ist so wichtig und hilfreich, denn auch wenn niemand Horrorvorstellungen in der Schwangerschaft braucht: Der Contergan-Skandal ist nicht vergessen, die Folgen waren verheerend, und ja, es ist die Wahrheit, wegen gerade mal einer einzigen Tablette war es möglich, dass ein andernfalls gesundes Baby mit fehlentwickelten Gliedmaßen zur Welt kam.

Eine Branche hat kein Mitspracherecht beim Sammeln und Bewerten der Informationen von Embryotox: die pharmazeutische Industrie. Das Projekt wird von öffentlichen Fördergeldern bezahlt. Wer also einen Grund hat, ein Medikament zu nehmen (was man in Schwangerschaft und Stillzeit natürlich nur im Notfall tun sollte), der hat hier die Chance, herauszufinden, ob es unbedenklich ist. Wenn nicht: die Ärztin aufsuchen!

24_ Die Erinnerungskiste

Der Geruch von Glückseligkeit

Der Dachboden unserer Eltern war eine Zeitreise. Tür auf, Erwachsener rein, in der Kindheit sein. Dort stapelten sich Spielzeuge, Karnevalskostüme, antikes Lego. Heute ist die Lage oft anders, denn die meisten Familien haben weniger Wohnraum zur Verfügung. Und oft nur eine kleine Dachkammer. Was also hebt man auf aus der Kindheit der eigenen Kids? Überhaupt etwas? Oder reichen Fotos? Hier hat sich die Erinnerungskiste als hübscher Ausweg in Zeiten der Platzknappheit etabliert.

Sie ist aus Blech oder Holz, Plastik oder Porzellan – und was nicht reinpasst, wird aussortiert. Hinein kommen oft die Mütze, die das Köpfchen direkt nach Geburt warmhielt, und der erste Strampelanzug. Die Ultraschallbilder oder das erste Foto. Vielleicht ein Tagebuch des ersten Jahres, da hat der Buchmarkt sehr hübsche Sachen hervorgebracht. Der Lieblingsschnuller, das Taufkleid, ein Stück der Schultüte … ach, es gibt so vieles. Klar kann man auch mehrere packen. Oder man kauft eine etwas größere, die dann bis zum 18. Geburtstag die Chronik einer Kindheit in sich versammelt.

Mögliche Gimmicks: eine Liste mit kindlichen Wörtern. Denn sosehr man sich vornimmt, sie im Kopf zu behalten, man vergisst doch die meisten, die man nicht aufschreibt. Ein Foto pro Monat. Ein Buch, in das man zu jedem Geburtstag ein paar Sätze schreibt, wie das Jahr so war.

Klar war der Dachboden irgendwie der größere, coolere Trip in die Kindheit. Aber für viele Menschen auch der schmerzhaftere. Oft wird das Museum der eigenen Vergangenheit zum Fall für den Entrümpler, denn 30 Jahre Einmotten machen die meisten Sachen nicht schöner. Die Kiste dagegen ist die dreidimensionale Variante eines Bildbandes. Für Eltern ist sie nicht so aufwendig zu machen und für Kinder später eine platzsparende Erinnerung. Deckel auf, Kindheit raus. Schön!

25 __ Erkältungsviren

Einer von 80 Millionen

Okay, ganz so viele wie in der Überschrift behauptet gibt es doch nicht. Aber manchmal fühlt es sich so an! Freakige Mediziner, Entschuldigung, kluge Virologen haben nachgezählt und kommen auf die Zahl von ungefähr 300 möglichen Erregern, die uns immer wieder eine Erkältung buchstäblich an den Leib hexen können. Die kleinen Viecher verändern sich nämlich ständig. Unser Immunsystem kann also gar nicht damit nachkommen, sich zu schützen. Kaum hat es gelernt, sich gegen einen Virus zu wehren, kommt der nächste – und mit ihm eine neue Erkältung.

Klar: Alle 300 werden auch Familien mit vielen Kindern nicht durchmachen. Aber viele. Und das ist normal! Denn ein Baby kommt ohne Immunsystem zur Welt. Muttermilch bietet einen gewissen Nestschutz, aber zu 100 Prozent wirkt der auch nicht. Spätestens mit dem Abstillen ist das Kleine dann bereit für das Training, das so wichtig ist und sich so blöd anfühlt: Seine Immunabwehr bildet sich. Und das funktioniert leider nur übers Krankwerden. Dann kommen Husten, Schnupfen, Fieber manchmal als Dauergäste vorbei. Wenn sich also irgendjemand fragt, ob das noch normal sein kann mit der ständig laufenden Schnoddernase, dem Schon-wieder-Fieber oder dem Husten, der von November bis Februar die Nächte vermiest, dann sei ihm gesagt: leider ja. Bis zur Einschulung werden bei Kindern acht bis zwölf (!) Infektionen pro Jahr als normal bewertet. Eine im Monat!

Und oft erwischt es die Eltern gleich mit. Menschen, denen berufliche Extrembelastungen und Reisen von Südpol bis Sahara nichts anhaben konnten, sind nun geschwächt durch wenig Schlaf, kriegen die volle Dosis Viren ab, weil sie die Kinder ja immer im Arm halten – und hatten vor der Elternschaft oft gar keinen Kontakt mehr zu den Erregern, die in jeder Kita zu Hause sind. Husten, wir haben ein Problem? Nur ein, zwei Jahre. Dann wird es besser. Yippieeeeh!

26 Erwartungen

Eltern sind Glücksmanagement-Gurus

Du willst eine sanfte Geburt in der Wanne. Lange stillen, und das bei allen vier Kindern, die du dir wünschst. Du möchtest von Anfang an weiter Sport treiben und jede Woche ein Date mit deinem Partner. Ach, Pläne sind so schön, und manchmal liegen sie uns so am Herzen, dass aus ihnen Erwartungen werden. Auch und vor allem, was Kinder angeht.

Aber um nur mal bei der Aufzählung oben zu bleiben: Es kann bei allem Wünschen, Hoffen und Bangen nun mal sein, dass du stattdessen eine Zangengeburt bekommst, die deine einzige bleiben wird. Dass das Stillen nicht klappt und du für Sport erst mal ein volles Jahr zu erschöpft bist. Dass dein Partner und du durch die Konzentration aufs Kind erst mal unromantisch gelaunt seid. (Nicht gruseln, es sind nur Beispiele!) Aber ist das alles schlimm? Vielleicht! Aber Elternglück und -liebe sind sehr mächtig. Traumata verarbeiten, Verlust betrauern, ja, das gehört zu vielen Elternbiografien dazu.

Aber dann öffnet sich meist doch eine andere Tür: die Freude über das, was »trotzdem« da ist. Und damit lernt man (und wiederholt diesen Lernerfolg millionenfach, bis die Kids aus dem Haus sind): Glück ist Erwartungsmanagement.

Denn bei der (vielleicht!) unerwartet schwierigen Geburt bleibt es nicht. Es geht weiter mit dem Geschlecht, das man sich ein bisschen weniger gewünscht hatte. Der Date-Night, die wegen Magen-Darm-Virus ausfällt – gefühlt 100-mal. Da ist der Kita-Platz, den man nicht bekommt, der Sport, für den der Nachwuchs die Leidenschaft nicht teilt. An Weihnachten spielen sie mit der Verpackung, und mit dem neuen Outfit springen sie nun mal am liebsten ins nächste Matschloch. Und Eltern? Laufen nicht gefrustet durchs Leben. Eltern freuen sich über die Kita, die ihnen eine ganz neue pädagogische Richtung eröffnet. Die Leseabende, die sie zwar zwangs-, aber schönerweise haben. Und den neuen Sport, den das Kind ihnen zeigt. Eltern sind Glücksgurus.

27 __ Der ET

Irgendwann kommen sie alle!

Wer »ET« liest und keine Kinder hat, denkt an einen Außerirdischen. Kaum bist du (oder deine Partnerin) schwanger, siehst du die zwei Buchstaben und denkst an DEN TAG. Dann steht die Buchstabenkombi für die größte Zäsur im Leben, das Vorher-Nachher, den errechneten Termin. ET ist der Geburtstag deines tollen, weichen, perfekten, wunderschönen Babys!

Jedenfalls theoretisch. Denn errechnet haben ihn Ärzte mit einer witzigen Formel, die fast nie hinhaut. Vom ersten Tag der letzten Periode vor der Empfängnis zählen sie 40 Wochen oder 280 Tage bis zur Geburt. Aber kurz nachgedacht: Am ersten Tag der letzten Periode war Frau ja noch gar nicht schwanger. Sondern erst – ja, wann? Wirklich zwei Wochen später? Außer bei einer künstlichen Befruchtung ist das meist unklar. Es bleibt also ein Richtwert, den nur etwa fünf von 100 Babys und Frauen exakt treffen. Die übrigen Teams landen eben auf einem anderen Datum. 14 Tage vor oder nach dem ET gilt jeder Geburtstermin als vollkommen normal und ist kein Grund zur Beunruhigung.

Die Natur hat das schlau eingerichtet: Im letzten Drittel macht sich das Gewicht des Babys (oder der Babys, dann erst recht!) gut bemerkbar. Schlaf wird schwieriger, die Kindsbewegungen haben sich von einem federleichten Streicheln zu einem ungehobelten Kickbox-Training entwickelt. Übungswehen können sich nun schon zu unangenehmem Ziehen ausweiten, mit anderen Worten: Der Dampfer fühlt sich überbucht an, der Passagier ist bereit zum Landgang, packt seine Sachen und wird kommen. Denn das ist doch das Wichtigste, auch wenn sie sich ihren Geburtstag nicht nach dem Kalender aussuchen: Irgendwann sind sie da. Nicht immer so wie erwartet, nicht immer ist die Ankunft leicht, schön, rosarot, und nicht bei allen Eltern schießen die Glückshormone sofort ein. Aber wie und wann genau es auch immer losgeht: Es ist der Start in ein neues, aufregendes Leben.

28 Fabelwesen

Erziehungs-Outsourcing

Mit Kindern ist die Welt plötzlich voller Magie. Nicht im Sinne überkochender Romantik. Sondern weil wir Erwachsenen plötzlich lauter Fabelwesen die Tür öffnen. Manchmal ist das selbstlos, und manchmal steckt ein kleiner Trick dahinter. Wenn wir Erziehungsarbeit auf charmante Art outsourcen nämlich.

Nehmen wir den unangefochtenen Klassiker in Gestalt des Weihnachtsmanns. Da zerbrechen wir Eltern uns den Kopf darüber, was unsere Kinder am meisten freuen könnte. Plündern unser Konto. Hetzen mit Horden anderer angestrengter Menschen durch die Innenstädte, um einzukaufen. Und dann überlassen wir den Fame einer Coca-Cola-Werbefigur. So sieht Selbstlosigkeit aus!

Danach sind die Feen dran. Erst kommt die Schnullerfee, die, genau, alle Schnuller einsammelt, wenn es so weit ist. Zahnärzte sagen, bis zum dritten Geburtstag sollte das geschafft sein, Zähnen und Kieferstellung zuliebe. So, und nun sollen wir den Gummi gewordenen Trostspender wegnehmen? Doof! Lieber zaubern wir eine Fee aus dem Hut, die alle Nuckis einsammelt, *um sie anderen Babys zu geben*. Hey, das ist so eine Art Charity-Gala unter Kleinkindern, und am Schluss kriegt der Spender als Goodie-Bag ein Geschenk. An der Stelle ist die Fee zwar kurz die Doofe gewesen, den Dank fürs Geschenk bekommt sie trotzdem.

Irgendwann später, da kommen fast schon Fragen über den Weihnachtsmann auf, erscheint schließlich die Zahnfee. Bei pragmatischen Eltern bringt sie ein kleineres oder größeres Geschenk für den ersten verlorenen Zahn. Andere lassen bei jedem Zahn ein Geldstück da. Feen sind regional eben auch unterschiedlich. Bei manchen Kindern kommt sogar eine Windelfee und motiviert zum Toilettengang. Und das alles, obwohl Pädagogen ja nicht nur Strafe, sondern auch Belohnung doof finden. Tja, sagt das nicht den Eltern, sondern erzählt das den Feen. Eine zauberhafte Art der Erziehungsschummelei!

29 Fadenspiele
Strippenzieher mit kurzen Fingern

Hier kommt ein wollweicher Gruß aus unserer Kindheit! Und aus der unserer Eltern, Großeltern und Urururgroßeltern. Fadenspiele könnte es nämlich schon in der Steinzeit gegeben haben. Ist doch auch klar: Man braucht dazu nicht mehr als zwei oder vier Hände und einen Faden. Ein Mensch formt aus einem zum Kreis geknoteten Schnur eine Figur. Der zweite nimmt sie in einer festgelegten Reihenfolge auf seine Finger – und zurück und hin und zurück. Damit sind sie schon für Kinder super, die mit Zahlen oder Buchstaben noch nichts am Hut haben. Und sie sollen früher so manchen Stämmen bei der Kommunikation geholfen haben, die andernfalls keine Worte hätten wechseln können. Aber Fadenspiele sind nicht einfach nur uralt, sondern auch mega-angesagt.

Denn auf Schulhöfen rund um die Welt stehen Jungs wie Mädchen zusammen und verkrümmen sich die Finger, um unfassbare Gebilde einzufädeln. Diese Tüfteleien verbinden alle Generationen, Kontinente und Altersgruppen. Und es gibt sie von supereinfach bis verblüffend kompliziert. Also her mit dem Wollfaden, Knoten rein und sich von Omi oder einem YouTube-Tutorial ein paar erste Tricks zeigen lassen! Muss ja nicht das Teil sein, das in 372 Schritten den Eiffelturm hervorbringt, falls es das überhaupt gibt. Aber Stern, Blume, Hampelmann – das ist schon machbar. Und bringt superviel Spaß!

Die kleinen Fingerübungen lassen Zugfahrten schneller vergehen und einen regnerischen Nachmittag zum Abenteuer werden. Und manche ihrer Fans weisen sogar darauf hin, dass sie super fürs Gehirn sind. Immerhin schulen sie das Gedächtnis und die Konzentration. Und den Humor. Denn wer den Faden verliert, produziert nichts als Wolle-Gewirr. Und einen dieser verzweifelten Lacher, wie sie nur entstehen können, wenn man gerade eine Sache lernt. Playstation 1.0 – ganz undigital.

30 Das Familienbett

Eins für alle, alle in einem

Früher war es so: Da mühten sich die Eltern ab, ihr Baby und Kleinkind dazu zu bewegen, im eigenen Zimmer zu schlafen. Der Preis dafür war hoch: wenn das Kind nämlich allnächtlich ein Dutzend Mal zurückgebracht oder beruhigt werden musste. Ergebnis: alle müde, Stimmung vorwurfsvoll-mies. Heute hat sich deswegen bei vielen das Modell Familienbett durchgesetzt. Es soll allen mehr Schlaf verschaffen, dazu eine große Portion Geborgenheit – und ist toll. Aber Achtung: Es birgt auch ein paar Tücken!

Erstens ist es für Babys tabu. Sie sind im Familienbett häufiger vom plötzlichen Kindstod betroffen. Für sie gibt es deshalb eine Babybucht. Das sind Beistellbetten, die ans Elternbett angedockt oder mit Gitter danebengestellt werden. So ist das Baby, wenn es gefüttert werden will, nur eine Armlänge entfernt. Die Babybucht hat die gleichen Vorteile wie das Familienbett: Das Baby fühlt sich sicher in seiner »Herde« – dank unserer steinzeitlichen Gene sind wir eben einfach nicht dafür gemacht, uns nachts allein geborgen zu fühlen. Die Eltern müssen nicht aufstehen, um zu beruhigen oder zu füttern. Und das Baby ist sicher untergebracht.

Ist es aus dieser Phase raus, scheiden sich die Geister. Amerikanische Wissenschaftler (wer sonst?) wollen herausgefunden haben, dass Babys schon ab einem Alter von vier Monaten länger schlafen, wenn sie das im eigenen Zimmer tun. Spätestens mit dem Grundschulalter empfehlen Kinderpsychologen das eigene Bett fürs Kind, Paartherapeuten verweisen gern darauf, dass ein exklusiv geteiltes Bett dem Sexleben der Eltern mehr Raum gibt. Was also tun? Die für die eigene Familie beste Lösung finden: Langsam vom Elternbett entwöhnen? Immer ein Elternteil im Kinderzimmer mitschlafen lassen? Eine Matratze ans Fußende? Mal das Baby, mal das größere Geschwisterchen ins Elternbett lassen? Jedes Kind ist verschieden, und damit sind es auch die Bedürfnisse jeder Familie.

31 Das Familiencafé

Nicht nur das Geschrei ist groß

Sein eigenes Baby findet man toll. Aber selbst im größten Glücks- und Hormontaumel bleibt Eltern nicht verborgen, dass die Blicke der anderen Leute ab 120 Dezibel bohrender werden. Ja, Babys können lauter brüllen als ein Düsenjet donnert! Das ist auch völlig okay, schließlich können die Kleinen ihre Probleme noch nicht mit Freunden bequatschen. Aber es ist doch so: Nur Eltern wissen, wie sich das anfühlt, mit einem pupsenden, brüllenden, sabbernden, pieselnden Baby durchs Leben zu gehen. Deswegen sind Familiencafés keine gettoisierenden Institutionen, sondern ein Segen!

Denn hier gibt es a) Essen, das auch Kleinkindern schmeckt; b) einen Wickeltisch, ganz modern nicht auf der Frauentoilette, sondern in einem Unisex-Raum, in dem auch Papas sich willkommen fühlen. Und es gibt nicht: böse Blicke oder unerbetene Sprüche als Reaktion auf ganz normales kindliches Verhalten. Hier dürfen Kinder weinen, laut lachen, die Windel vollhauen. Sie dürfen gestillt werden, mit dem Löffel mal auf die Tischkante klopfen und sich von oben bis unten vollkleckern, ohne dass man als Eltern den im öffentlichen Raum sonst obligatorischen Schweißausbruch bekommt. Luxus-Varianten des Elterncafés haben sogar einen eigenen Spielraum, denn wenn Kids eine Sache nicht so mögen, dann ist es untätiges Stillsitzen. Ein paar Matten und Bälle – und die Welt ist wieder in Ordnung!

Klar bedeuten diese Cafés nicht, dass man sich als Familie anderswo ausgeschlossen fühlen muss. Das wenden nämlich Kritiker ein oder Miesepeter, die sich von Kindern gestört fühlen. Ihre Argumentation nutzt die Existenz von Familiencafés schamlos aus nach dem Motto »Geht doch ins Familiencafé und lasst den Rest der Welt in Ruhe!« Nee, nee, so sind sie nicht gemeint. Natürlich darf ein Kind all seine Dinge auch woanders tun. Aber hier eben besonders artgerecht! Unbeobachtet, unter seinesgleichen. Also hoch die Schnabeltassen und den Trubel mit Kind genießen!

32___FAS

Trinken für zwei

»Du isst jetzt für zwei«, hieß es früher manchmal. Das ist mittlerweile überholt, denn Person zwei ist winzig und hat nicht den Tagesumsatz eines Holzfällers. Deswegen sind in der Schwangerschaft nur rund 250 Kalorien pro Tag mehr nötig als vorher – gerade mal so viel wie ein kleiner Hamburger. Was aber auch heute noch uneingeschränkt gilt: Das Baby trinkt über die Plazenta jeden Schluck mit. Und Alkohol wirkt auf das Ungeborene buchstäblich wie Gift.

Das Baby hat einen entscheidenden Nachteil: Seine Leber arbeitet noch nicht voll, der Alkohol bleibt viel länger in seinem Blutkreislauf als bei der Mutter. Egal, wo das Gift wirkt, tötet es dann Zellen. Auch kleine Mengen Alkohol, »Gläschen« oder »Schlückchen«, haben auf ungeborene Babys fatale Wirkungen: Gehirnzellen sterben oder werden an ihrer ordnungsgemäßen Entwicklung gehindert. Muskeln und Knochen werden in Mitleidenschaft gezogen, die Babys alkoholtrinkender Schwangerer sind deshalb kleiner und leichter. Und mehr Alkohol bedeutet eine höhere Dosis Gift: Dann können auch Herz, Leber und Nieren angegriffen werden. All diese Schädigungen fassen Ärzte unter dem Fetalen Alkoholsyndrom (FAS) zusammen.

Die betroffenen Kinder bleiben ihr Leben lang geschädigt – und das, obwohl ihre Probleme komplett vermeidbar wären. In Deutschland sind nach Schätzungen jedes Jahr 10.000 Kinder betroffen – 2.000 haben schwerste Entwicklungsstörungen. Dazu kommt die Dunkelziffer, denn Hirnschäden sind auf den ersten Blick oft noch nicht zu erkennen. Übrigens: Bis zu 40 Prozent der Kinder werden später im Leben alkoholabhängig. Ein tragisches Souvenir, das sie da mitnehmen aus dem Mutterleib!

Was also tun? Gar keinen Alkohol trinken, lautet die absolute Empfehlung aller damit befassten Organisationen. Wer weiß, dass er schwanger werden möchte, sollte am besten gleich damit aufhören, denn im ersten Trimester sind Embryonen besonders empfindlich.

33 Die Federwiege

In den Schlaf schaukeln mit links

Müdigkeit. Müdigkeit. Müdigkeit. Sie ist ein hartnäckiges, unaufhörliches Thema im Leben junger Eltern. Müdigkeit im Kopf, aber auch in den Armen und Beinen. Eltern sein, das heißt manchmal, den letzten Kilometer eines Marathons zu laufen, immer und immer wieder. Und das jeden Tag. Denn wenn das Kind wenig schläft, ergreift die Erschöpfung irgendwann jede Faser des elterlichen Körpers. Und dann kann so eine Federwiege ein wirklich guter Freund sein.

Unter Fitness-Freunden gibt es einen Spruch: »Nicht liegen, wenn du sitzen kannst, nicht sitzen, wenn du dich bewegen kannst.« Aber für Neu-Eltern ist es manchmal genau andersherum. Da ist Sitzen eine Frage des Überlebens, und Liegen kann zur Sehnsucht werden, wenn man gerade dabei ist, das Baby über Stunden durch die Wohnung zu tragen. Manche können sich mit einer Trage behelfen, dann sind immerhin die Arme frei. Und viele, viele Babys fahren auch auf Federwiegen ab.

Das Prinzip ist easy: Ein Korb hängt an einer Feder. Also wie das Ding im Kugelschreiber, nur größer und mit einem Haken als Aufhängung. Hier kann man das Baby supergemütlich einkuscheln und es sanft hin und her schaukeln oder auf und ab wiegen. Da reicht schon eine Hand, die vom Sofa oder dem Bett herübergreift und nur sachte anstupst. Schwupps, hat man das Baby buchstäblich mit links in den Schlaf gewiegt.

Aber in Wachzeiten geht es natürlich auch lebhafter! Einfach ein schönes Mobile in den Haken einklinken und daran drehen! Oder die Schaukel- und Senkbewegungen lebhafter gestalten, das ist wie eine supersanfte Baby-Achterbahn! (Wichtig: Das war ein Vergleich: WIE. Keine echten Loopings drehen bitte!) Und abstellen kann man das Körbchen natürlich auch mal, falls das praktischer ist. So wird sie zum ganz normalen Beistellbettchen. Die Federwiege ist ein viel zu wenig bekanntes Teil. Aus der Kategorie »Hätte ich das gewusst!« – happy, wer es vorher erfährt!

34 Die Ferber-Methode

Was Großmutter noch nicht wusste

Quiz-Show, wichtige Preisfrage: »Ist es möglich, ein Baby zu verwöhnen – ja, oder nein?« Wäre das tatsächlich ein Publikumsquiz, dann wäre das Ergebnis bei Weitem nicht einstimmig. Denn noch vor wenigen Jahrzehnten glaubten viele, man dürfe ein Baby nicht »verwöhnen« und müsse es zum Nachtschlaf »erziehen«. Nach ihrem Erfinder heißt das berühmteste Schlafprogramm für Babys »Ferber-Methode«. Der amerikanische Kinderarzt und Neurologe Richard Ferber ist Professor an der Universität Harvard und veröffentlichte 1985 ein Buch, dessen Lehren weltweit Furore machten.

Auch der deutsche Bestseller »Jedes Kind kann schlafen lernen« basiert auf der Ferber-Methode. Sie besagt ganz grob: Beim Einschlafen helfen die Eltern dem Kind mit einem liebevollen Einschlafritual – also Vorlesen, Singen, Kuscheln zum Beispiel. Dann sollen sie ihr Kind wach ins Bett legen und das Zimmer verlassen. Fängt das Kind an zu weinen, kehren sie kurz zurück und beruhigen es mit Worten. Dann wieder raus. Das soll in sich steigernden Minutenabständen so lange geschehen, bis das Kind eingeschlafen ist. Streicheln ist als Beruhigung erlaubt, aber nicht, das Kind aus dem Bett zu holen. Nach spätestens 14 Tagen soll sich das Kind ans Alleinschlafen gewöhnt haben. Das Programm funktioniert und wurde ein Erfolg – rief aber viele Kritiker auf den Plan. Kinder seien danach immer noch einsam. Sie hätten nicht gelernt zu schlafen, sondern dass niemand kommt, um sie zu sich zu nehmen.

Der große Erfolg der Methode war eigentlich ein Unfall: Ferber hatte die Methode als Notfall-Programm für verzweifelte Eltern entwickelt, die andernfalls viel zu wenig Schlaf bekämen. Dann nämlich sollte dieses Training als Schutz der Familie dienen, in der andernfalls alle überfordert wären. Alle anderen sollten ihre Kinder so in den Schlaf begleiten, wie sie es am sanftesten, gemütlichsten und schönsten finden!

35 Feuchttücher

Mit einem Wisch

Feuchttücher sind eine ziemlich junge Erfindung. Auf der deutschen Seite des Unternehmens »Hakle« rühmt selbiges sich mit der revolutionären Marktreife im Jahr 1977. Die RAF hält Deutschland in Atem, in den USA kommt der Apple II auf den Markt, und Hakle macht auch Revolution – untenrum. Und auch, wer für sich selbst auf trocken steht, schwenkt mit Baby oft um. Tschüss, wildes Partyleben, hallo Feuchtis!

Die Dinger sind aber auch zu praktisch. Zu Hause ist es ja noch easy, sich eine Schüssel mit warmem Wasser und einen weichen Lappen zu besorgen. Spätestens unterwegs mag aber kaum jemand ohne Feuchtis auskommen. Unsere typische Handbewegung? Lasche auf, Tuch raus, Lasche zu! Sogar stylishe To-go-Boxen im perfekten Format gibt es. Nice! Und wer die Feuchtis dann einmal zur Hand hat, der entdeckt gleich ihr unfassbares Potenzial. Marketing-Gurus würden vor Freude platzen, denn die »Verwendungsanlässe« von Feuchtis lassen sich fast beliebig erweitern. Schuhe unterwegs putzen? Check! Hundepfoten schmutzig? Check! Cockpitspray ist leer? Kein Problem, so ein Wisch brezelt auch jedes Staubkorn im Auto zuverlässig weg! Beim Stillen fällt auf, dass die Wohnzimmerlampe verstaubt? Hey, wisch und weg! Die Küchenfront, das Gesicht, die Hände nach dem Essen: Wo kein Wasser ist, ist plötzlich trotzdem ein weg, äh, Weg.

Also hinteres Ende gut, alles gut? Ach, na ja. Natürlich sind die Teile wie alles, was sich nur einmal verwenden lässt, für die Umwelt nicht optimal. Die konventionellen Tücher landen immer wieder in den Schlagzeilen – weil sie Mikroplastik enthalten: Polyester, Polypropylen, Polyacryl, Polyethylen. Weil sie, fälschlicherweise über die Toilette entsorgt, die Kanalisationen rund um den Globus aufs Krasseste verstopfen können, denn auflösen tun sie sich ja nicht. Die TU Berlin schätzt den Schaden allein dafür in Deutschland auf bis zu eine Milliarde Euro! Viel Geld, weg mit einem Wisch.

36 Feuerwehrmann Sam

Alarm, es ist der Fernseher an

»Mein Kind darf später nicht fernsehen« – das ist ein ganz toller Vorsatz. Einer, der mit 99,9 Prozent Wahrscheinlichkeit eins beweist: Wir sind alle tolle Eltern, bevor wir Kinder haben. Denn in der Theorie ist ein Fernsehverbot super, macht Kinder schlau, kreativ, lässt ihnen mehr Zeit für Bewegung, Sport und sowieso das echte Leben. Dann kommt die Wirklichkeit in Gestalt deines Kindes dazwischen, und plötzlich wird doch geguckt. Jede Generation von Kindern hat da so ihre Helden, einer der ganz großen momentan ist Feuerwehrmann Sam.

Das liegt sicher nicht, kleine Warnung vorweg, an der Titelmelodie, für die sich eine nervige Sirene mit einem relativ glanzlosen Song mixt. Nö, es ist das Feuerwehr-Setting, das die Kids lieben, denn sie ahnen ja noch nichts von dem Ernst, den Einsätze im echten Leben haben. Also fiebern sie mit, wie der immer clevere, besonnene und heldenhafte Sam Mensch und Tier aus Notsituationen fischt. Dazu gibt es den trottelig-witzigen Elvis zum Lachen und den immer dämlichen kleinen Norman Price, der an so manchem Feuerwehreinsatz die Schuld trägt. Die Kinder jedenfalls lieben das, und so lässt Sam einen uralten Mythos fortleben: den des Feuerwehrmanns. Unsere Kinder wollen so sein wie er, gehen wir also nicht zu hart mit der Serie ins Gericht!

Sie hat als Zielgruppe übrigens Kids zwischen drei und sechs Jahren im Visier. Das kann man als absurd beklagen, denn so weit ist es gekommen, dass Dreijährige eigene Sendungen haben. Aber man kann es auch für sich nutzen, denn immerhin bringt der Plot dem Nachwuchs Brandvermeidung und den Notruf näher – wer weiß, wann sie das mal brauchen. Und wenn man mal zehn Minuten telefonieren will, das eine Teil bügeln oder nach wochenlangen Phasen mit wenig Nachtschlaf in den Seilen hängt, dann kann Feuerwehrmann Sam tatsächlich eine Art Rettung sein. Genau wie Heidi, Yakari und Co.

37___Flamingos

Hoch fliegen, hart landen

Da denkst du nichts Böses, und plötzlich ist es wieder so weit: Der Winter sagt langsam Adieu, in die Geschäfte ziehen Picknickdecken und Sommershirts ein – und der gesamte Einzelhandel hat sich auf ein Trendtier geeinigt. Erst war es das Einhorn, dann das Faultier, darauf das Lama (in einer spuckfreien und deshalb appetitlichen Version), und schließlich schubste der Flamingo alle anderen Viecher von den Designs dieser Welt: Es wurde pink!

Verrückt, wie omnipräsent ein exotischer Vogel, den Europa allenfalls vom Atlantik oder manchen Mittelmeerinseln kennt, in den kleinsten Läden der deutschen Provinz werden kann. Die Tiere sind ja auch faszinierend! Wie sie dank eines Einrast-Mechanismus auf einem Bein schlafen können! Und wie sie es schaffen, an Salzseen zu überleben, was sonst nicht viele Lebewesen hinbekommen, denn Salzseen sind nicht gerade artenreich! Und wie sie in Kolonien von Tausenden Tieren friedlich zusammenleben, da kommt kein deutsches Dorf mit, in dem Nachbarn sich die Anwälte wegen zahlreicher Kleinigkeiten auf den Hals hetzen. Aber all die zoologische Einmaligkeit vermittelt sich natürlich nicht im Dasein des Flamingos als Trendtier. Da ging und geht es wahrscheinlich nur um eins: darum, dass sein Gefieder sich so schön rosa färbt. Ist ja auch hübsch.

Hilft aber nicht. Es wird gemunkelt, die Dinosaurier seien als Nächstes dran. Dann hätten die Flamingos, die locker 30 Jahre und viel älter werden können, auf den Accessoires der Kids ein ziemlich schnelles Ende gefunden. Den möglichen Nachfolgern aus grauer Vorzeit ist dieses Schicksal ja schon bekannt: Auch sie werden aussterben. Dann allerdings nicht durch Meteoriten oder eierfressende Arten, die ihren Nachwuchs plattmachen, sondern durch den unerbittlichen Trendzyklus. Dann scharrt das nächste Tier mit den Hufen, Tatzen oder Krallen. Es wurden übrigens bereits erste Dackel gesichtet!

38 Der Fliegergriff

Ich werde die Zeit nie ganz vergessen …

… als wir noch Flieger waren! Alte Schlagerweisheit. Kann man super vor sich hin summen, wenn das süße kleine Baby, das man gerade noch im Bauch hatte, plötzlich jeden Düsenjet an die Wand brüllt, weil nun das eigene Bäuchlein zwickt. Da hilft, was seit Generationen hilft: Geduld und der Fliegergriff.

Babys haben nämlich leider immer wieder Bauchschmerzen, sehr viele jedenfalls. Glückliche Ausnahme, wenn das nicht so ist! Leider ist die Baby-Ausführung mit Bauchschmerz-Extra der Normalfall. Der Grund ist einfach: Der menschliche Darm ist ein hochkomplexes Ding, das nicht ganz fertig geliefert wird. Im Bauch der Mutter wird er nämlich nicht gefordert, da gibt es ja nur Fruchtwasser. Aber mit der Geburt ändert sich das: Schon beim Geburtsvorgang soll das Baby laut neuerer Forschungen mit Bakterien in Kontakt kommen, die seine Darmflora beeinflussen. Auch Muttermilch soll – zumindest anfangs – einen Vorteil verschaffen, mit der Beikost gleicht sich die Darmflora gestillter und nicht gestillter Kinder aber wieder an. Danach haben Landkinder einen Vorteil, wohl weil sie häufiger mit Dreck in Verbindung kommen. Aber genau geklärt ist lange noch nicht alles – fest steht nur: Das mit der Verdauung ist anfangs kein Selbstläufer.

Die Liste der möglichen Problemchen ist nicht lang, aber doof: Durchfall, Verstopfung und immer wieder Blähungen. Da helfen Wärme, zum Beispiel durch ein Kirschkernkissen, eine ganz sanfte Bäuchlein-Massage, die der Luft in kreisenden Abwärtsbewegungen den Weg nach draußen zeigt. Und der Fliegergriff. Gesicht nach unten, gemütlich in die eine Armbeuge gekuschelt, liegt der Bauch entspannt auf und gibt ganz leichten Druck auf den Darm. Nun heißt es Meter machen, denn die leichte Schaukelbewegung gibt der bösen Luft im Bauch meist den Rest. Das funktioniert aber wirklich nur im Liegen: Aufrecht staucht man den Darm ja eher zusammen mit dem Ruckeln. Im Liegen aber ist alles fertig zum Abflug.

39___Das Fotoprojekt

Bitte recht kindlich

Viel ist darüber geschrieben worden, dass Instagram Eltern unter Druck setzt und eine nicht existierende Hochglanzwelt zeigt. Aber eins muss man dem Kanal lassen: Er liefert unfassbar niedliche Ideen, wie man seine eigene Familie fotografisch in Szene setzen kann. Und auch wenn die Zeit rennt und für den eigenen Insta-Kanal meistens überall zu viel Unordnung herrscht: sich ein Fotoprojekt vorzunehmen und von der Geburt des Babys bis zum Auszug des dann erwachsenen Kindes durchzuhalten, das ist eine tolle Idee!

Da gibt es den Vater, der sich vom Tag der Geburt des Babys bis ins hohe Alter jedes Jahr einmal mit seinem Sohn fotografiert – in weißem Unterhemd und Jeans. Das letzte Foto zeigt drei Menschen: Nun sind sie Opa, Sohn und Enkel. Ist das nicht süß? Tja, wenn man die Idee früh genug hatte! Oder die Eltern, die sich mit ihren Kids jedes Jahr im Family-Einheits-Look knipsen: karierte Pyjamas vor dem Weihnachtsbaum. Die Geschwister, die die immer gleiche Pose wählen und deren Alterungsprozess in der Zusammenschau der Bilder etwas Poetisches hat. Da ist das Bild von der Familie auf der Hollywoodschaukel vor dem Haus, das sich nur durch das Alter der Personen unterscheidet. Vielleicht wird man aber später einmal Tränen verdrücken bei diesem Anblick, weil im einen Jahr ein ganz alter Hund zu ihren Füßen sitzt und im nächsten ein Welpe.

So ist so ein Fotoprojekt gar nicht dazu da, nur Eitelkeit zu befriedigen, auch wenn das ja nicht verboten ist. Immerhin ist man in seine Kinder schon sehr verschossen, da macht es vielen zum ersten Mal im Leben richtig Spaß, Fotos auch von sich selbst zu machen. Nein, die Aufnahmen sind eben in der Reihung auch eine Chronik, die etwas Wertvolles bekommt. Denn als Eltern denkt man oft: »Die Zeit geht so schnell vorbei.« Die Momente sind so kurz und kehren nie wieder. Schön, wenn es sie im Bild gibt!

40__Freiraum

Schön, dich zu sehen!

Mit Kind ändert sich alles, sagen manche – und liefern damit den Spruch, der Kinderlose wohl am meisten abschreckt. Denn wer ohne Kinder ein schönes Leben hat, der könnte meinen: Dann lässt man doch lieber alles beim Alten. Dabei sind die meisten Veränderungen ja positiver Natur: mehr Liebe, mehr Sinn, mehr Action. Eins aber hat man weniger: Zeit ohne Kind, für sich selbst oder mit dem Partner. Deswegen wird es früher oder später nach der Geburt irgendwann etwas Altes geben, das sich unfassbar neu anfühlt: Freiraum.

Freiraum, mal nichts zu tun – weil das Kind zum ersten Mal zwei Stunden am Stück in der Kita ist. Oder die Freiheit, abends essen zu gehen – weil das Baby nicht mehr gestillt wird und ein Babysitter da ist. Freiraum – das ist dann plötzlich der Luxus, Sport zu machen, Zeit für die Pediküre, einen Kinoabend oder Weekend-Trip.

Dahinter steckt dann meistens eine Kombination aus organisatorischer Höchstleistung (»Wer übernimmt welche Aufgaben, wenn wir weg sind?«) und etwas Glück (niemand ist krank). Darin steckt aber auch, und das ist doch irgendwie ein schöner Gedanke, eine Lektion in Sachen Dankbarkeit. Denn wer als Single oder Paar freie Zeit nur so wegkonsumieren konnte, wird sie mit Kind(ern) plötzlich wieder als etwas sehr Wertvolles empfinden. In der ersten Zeit kann ein Abend, der vor 22 Uhr als Paar beginnt, als unfassbares Geschenk empfunden werden!

Ist das nicht verrückt? Werden die Kinder groß, bekommt man immer mehr Freiraum wie geschenkt zurück. Als wühlte man in einer Kiste mit fast vergessenen Sommerklamotten, die man endlich wieder anziehen kann und in denen man sich wie neu fühlt. Klar könnte man jetzt einwenden: Die wurden mir vorher ja auch weggenommen. Das ist aber miesepetrig gedacht, denn in jeder freien Minute, die du als Elternteil ohne Kind genießt, bist du trotzdem Mama oder Papa. Und das, das ist wirklich die beste Kombi.

41__Freundebücher

Die Lieblingsfarben der Dreijährigen

Jaja, früher war nicht alles besser, denn es gab kein Penicillin und kein Lungenreifungsmittel, im Großen und Ganzen hat die Elterngeneration es heute doch ganz gut getroffen. Aber mal von den existenziellen Dingen abgesehen, ist manches heute auch eine riesige Zumutung. Freundebücher zum Beispiel.

Was soll das? Früher schrieb man in Poesiealben, sobald man es selbst tun konnte, und vielleicht ist der Brauch zu Recht ausgestorben. »Lebe glücklich, lebe froh, wie der Mops im Haferstroh«, hat noch niemanden zum Motivationscoach reifen lassen. An ihre Stelle traten Freundebücher, was ja ganz nett ist – unter Schülern jenseits der acht, neun Jahre. Dann können die sich einen abbrechen bei der Frage nach »Lieblings«essen, -sport, -promi, was es nicht alles gibt. Aber tatsächlich kursieren die Bücher jetzt schon in Kindergärten und Krabbelgruppen!

Da selbst Vorschulkinder übers Schreiben des eigenen Namens kaum hinauskommen, bleibt das Ausfüllen also noch lange an den Großen hängen. Und sind wir mal ehrlich: die Antworten wahrscheinlich auch. Vierjährige haben keine Ahnung von sozialer Erwünschtheit und antworten sich da gern um Kopf und Kragen. Lieblingshobby? Ja, was sagen sie da schon, Fernsehen sagen sie, weil sie das so selten dürfen! Lieblingsessen? Gummibärchen und Chips, klare Sache! Und von Beruf geht manchem nichts über Schweinebauer, was in den Kreisen großstädtisch-veganer Eltern, die das Buch interessiert durchblättern, auch nicht gerade gefeiert wird. Und falls das Kleine mal BundesumweltministerIn werden wollte, wäre der hämische Artikel im Boulevard auch sicher. Was also tun? Buch in der Kita diskret im Nachbarfach verschwinden lassen, dann können *andere* Eltern sich was überlegen. Oder die Antworten glätten: »Physiker ist doch auch schön, Mäuschen!« Oder nichts zensieren und hoffen, dass alles gut wird, egal, was das Kleinkind einem in die Feder diktiert hat.

42 Frittiertes

Kinder(arsch)karte

Ewiger Mythos, irre Realität: die Kinderkarte im Restaurant. Von vielen als familienfreundlich verstanden, ist sie das eigentlich nicht. Denn anstatt halbe Portionen für kleine Bäuche anzubieten, machen sich Restaurants für Kinder nur die, wenn es hochkommt, halbe Mühe und kredenzen: Frittiertes.

»Achtung, heiß und fettig!« So ist es, wenn man die Speisekarte »Für unsere kleinen Gäste« mal genauer unter die Lupe nimmt. Da gibt es Pommes, Pommes, Pommes. Fischstäbchen (die in 99 Prozent der Fälle auch aus der Fritteuse stammen), Mini-Schnitzel (siehe Fischstäbchen). Und das war's. Wer mit seinen Kindern also viel unterwegs ist und häufig auswärts isst – in einschlägigen Gastronomien von Zoo über Museum bis Ausflugslokal –, der lernt Frittiertes in allen Variationen kennen.

Traurigerweise aber sonst nichts. Vielleicht manchmal noch Nudeln mit Tomatensoße. Aber sogar da machen Gastronomen Fehler, sie kochen nämlich oft Spaghetti. Als könnte man nicht kleinere Orecchiette, Ravioli oder Farfalle nehmen, die schön in einen Kinderlöffel passen. Nein, die weltunhandlichste Pasta (kann man die eigentlich auch frittieren?) wird da ausgerechnet denen angeboten, für die das Essen noch am schwierigsten ist. Aus genannten Gründen gerät das Essen unterwegs manchmal zum gehörigen Frust. Denn auch wenn Kids zugegebenermaßen quasi alle eine grünfeindliche Phase entwickeln: Man muss sie kulinarisch nicht unterfordern, meistens gibt es frische und gesunde oder wenigstens nicht frittierte Gerichte auf der Erwachsenenkarte, die ihnen sehr wohl schmecken.

Denn natürlich schadet es niemandem, ab und zu mal die Fritteuse kochen zu lassen. Im Gegenteil: Wenn wir ehrlich sind, gehört das doch zu den schönen Kindheitserinnerungen: dass wir im Restaurant immer Eis oder Pommes essen durften. Und es gibt ein Mittel, sich an Piratenschmaus und Co. vorbeizumogeln: den Räuberteller. Die Kids essen einfach bei den Großen mit!

43__Genies

Zwischen Phantasie und Wahrheit

Es stimmt schon: Manchmal werden Hochbegabungen erst dann erkannt, wenn ein Kind sich auffällig benimmt. Warum es das tut? Weil es innerlich angespannt ist!

Stellen Sie sich vor, Sie wären gesetzlich dazu verpflichtet, einen Kurs in Ihrer Muttersprache zu belegen. Die Sie ja längst können! Und dann sitzen Sie da jeden Tag sechs, sieben, acht Stunden und langweilen sich erst mal mit dem Alphabet. Alle anderen finden es spannend, aber Sie? Drehen am Rad, stimmt's? SO fühlen sich Hochbegabte! Und dann kann es eben schon mal vorkommen, dass sich dieses Gefühl der großen Unterforderung in nicht ganz so angepasstem Verhalten äußert. Das Bedauerliche: Es gibt den Trend, dass Kinder lediglich das Symptom »am Rad drehen« zeigen – und die Eltern im Umkehrschluss eine Hochbegabung diagnostizieren.

Wenn ein Kind frech, aufgedreht und ungezogen ist, bedeutet das aber nicht zwangsläufig, dass sich das im Chinesisch-Klavier-Schreibkurs für Kleinkinder bessert. Wenn ein Kind das Krabbeln ganz auslässt, mit drei die Uhr lesen lernt, mit vier Harry Potter selbst liest oder sich mit fünf für Quadratwurzeln interessiert, dann ist das schon eher ein Anzeichen.

Verrückterweise müssen sich Eltern, die ein eindeutig hochbegabtes Kind haben, dafür aber bisweilen verteidigen – sie gelten als über-ehrgeizig. Eine schwierige Gemengelage!

Dabei ist, was erst mal ernüchternd klingt, gar nicht so schlecht: Sehr, sehr wahrscheinlich ist Ihr Kind nicht hochbegabt. Und das Ihres Nachbarn auch nicht. Das betrifft nämlich nur zwei von 100 Menschen. Und die zeigen das sehr früh sehr ausgeprägt. Heißt: Wenn ein kleiner, süßer, aufgeweckter Kerl ein bisschen früher krabbelt oder Fahrrad fährt, ist das schlicht noch im Bereich des Normalen. Und kein Grund, ihn als Hypebeast der Begabungen abzufeiern. Zum Liebhaben sind sie nämlich alle.

44_Die Giftnotrufzentrale

Die Nummer gegen mehr als Kummer

Superwichtige Telefonnummer für (Neu-)Eltern: die der Giftnotrufzentrale. Hier sitzen in mehreren Städten Deutschlands, der Schweiz und Österreichs Ärztinnen und Ärzte rund um die Uhr am Telefon und nehmen Fragen von Klinikpersonal, niedergelassenen Ärzten und besorgten Eltern entgegen.

Man könnte das fast beruhigend finden, aber eher ist es wohl verstörend. Im Schnitt nimmt allein die Giftnotrufzentrale Nord 100 Anrufe am Tag an. Heißt: Wenn doch mal was passiert, ist es kein Einzelfall. Aber es bleibt ein Notfall. Deswegen ist es auch nützlich, sich schon in der Schwangerschaft eine der Nummern im Handy zu speichern, vielleicht wird die Zeitersparnis mal wichtig. Und tritt der Ernstfall ein, wird nach Alter und Gewicht des Kindes gefragt. Was genau hat es zu sich genommen? Verschluckt? Eine Pflanze, einen Pilz, ein Medikament oder Putzmittel? Packung bereithalten, sofern vorhanden! Wichtig sind auch die Symptome, der Zeitpunkt der Einnahme und, falls bekannt, die Menge. Die Mitarbeiter sind bestens geschult, sie leiten sehr genau und ruhig durch das Gespräch.

Noch besser als die Giftnotrufzentrale ist aber natürlich Vorbeugung. Hochschränke haben mit Kindern also Hochkonjunktur. Geschirrspültabs gehören zum Beispiel außer Reichweite von Kindern, ebenso Medikamente oder, wenn sie denn sein müssen, Zigaretten. Tabak ist extrem giftig, wenn man ihn isst! Gern auch allen Verwandten sagen, dass giftige Flüssigkeiten in der Garage nicht (mehr) in Limoflaschen umgefüllt aufbewahrt werden sollten, das ist eine vermeidbare Quelle kindlicher Neugier. Für Putzmittel gibt es abschließbare Käfige, die exakt unter die Spüle passen. Und manche Hersteller mixen absichtlich Bitterstoffe in ihre Putzmittel, damit den Juniorgefahrensuchern der Durst gleich vergeht. Jeder gesparte Arztbesuch ist ein guter Arztbesuch, selten gilt das so sehr wie in Sachen Kinder und Gift.

45_ Glubschis

Glotz mir in die Augen, Kleines!

Erstaunlich, welche Hits die Spielzeugindustrie manchmal so landet. In Zeiten, in denen alles digital, frühfördernd und irgendwie weit entwickelt zu sein scheint, gibt es auch: Glubschis – die Trend-Kuscheltiere der Zehnerjahre.

Die haben, was schon ihr Name verrät: riesige Augen. Und sonst eigentlich nichts, was gemeinhin Aufmerksamkeit bei Kindern erregt. Kein Fiepen, Hampeln, Swipen, die kleinen Tierchen funktionieren, man muss das ungläubig zur Kenntnis nehmen, ganz ohne Batterie. Ihr Inhalt besteht aus Kunststoff-Füllwolle, das Fell aus Synthetik. Wer plastikfrei leben möchte, lässt die Dinger also besser im Wühlkorb liegen – alle anderen kommen an den Glubschis nicht vorbei.

Was aber ist es, das Kinder an ihnen mögen? Erstens natürlich geschicktes Marketing durch Platzierung neben den Kassen in Supermärkten und Kaufhäusern rund um die Welt: Glubschis sind beste Quengelware. Und mit Preisen ab fünf Euro für viele Eltern auch nicht unerreichbar. Marketingexperten haben sich mit den kleinen Plüschpuppen quasi ein Denkmal in Sachen Zielgruppe, Preisfindung und Vertrieb gesetzt. Hut ab!

Und zweitens erfüllen ihre Augen, denen sie ihren wenig charmanten Namen verdanken, übertrieben ein Kindchenschema, das selbst auf die Kinder wirkt. Aber sie kombinieren diesen Urtrieb des Menschen, auf runde Kulleraugen zu reagieren, mit einem zweiten: Glubschis sprechen unsere Sammelleidenschaft an. Es gibt sie in unzähliger Gestalt: Fuchs, Tiger, Zebra, Flamingo, Schildkröte, Fledermaus – herrje, es gibt eine Glubschi-Mumie! Oder muss man sagen: einen Mumien-Glubschi? Jedenfalls können sie alle, wenn sie auch sonst hinter den Fähigkeiten moderner Spielzeuge weit zurückbleiben, super gekuschelt werden. Zuhören. Und da sein. Sie halten die Augen immer offen. Und das ist doch auch irgendwie beruhigend, jedenfalls bei Tageslicht.

46_ Gravitrax

Spielen und Lernen

Jeder kennt so etwas doch aus der eigenen Kindheit: Das eine Spielzeug, das in war. Und neu. Und cool. Klar, die Barbie-Villa für die einen, das Kettcar für die anderen, Monchhichis oder Tamagotchis, Sagaland oder Siedler, irgendwas ist immer der letzte Hype. Und für alle, die demnächst nicht mehr ein Baby, sondern ein cleveres kleines Kind zu Hause haben, könnte das Spiel der Stunde »Gravitrax« sein.

Im Grunde haben die Erfinder die gute alte Kugelbahn mit Gravitrax einem zeitgemäßen und vielseitigen Update unterzogen. Es gibt also viele kleine Metallkugeln, die auf vielen Plastikschienen entlangsausen können. Und dazu kommt eine ansehnliche Auswahl an Gadgets, die die Fahrt der Kugeln immer wilder werden lassen.

Da ist der Vulkan, der mit Wucht drei Kugeln auf die Bahn schleudert – in verschiedene Richtungen. Da ist ein Sammelbehälter, der sich irgendwann unter der Last der hineingerollten Kugeln öffnet – und alle auf einmal freigibt. Oder der Flip, der – ähnlich wie beim Flipperautomaten – einer Kugel ordentlich Beschleunigung mitgibt.

Gravitrax bedient vieles, was Kinder mögen, denn es bietet immer neue Konstruktionsmöglichkeiten, Bewegung, Schwerkraft und silberne Murmeln. Gravitrax wurde deshalb zu einem der erfolgreichsten Spiele schon im Jahr seiner Erfindung 2017 – damals war das Spiel sogar sehr schnell und unerwartet ausverkauft. Und dem Spiele-Riesen Ravensburger ist damit der jüngste Klassiker gelungen. Jedenfalls gehört es zu den Spielen, an denen man auch als Eltern gern mal mitbaut. Wenn wir mal beiseitelassen, dass Kinder (oder die Eltern?) heute gern »Lernspiele« untergejubelt bekommen und Gravitrax natürlich viel zum Thema Schwerkraft und Beschleunigung veranschaulicht, dann ist es vor allem ein großer Spaß.

47_Hand-Fuß-Mund-Krankheit

Der Neue in der Virusklasse

Wenn man Kinder bekommt, schafft man sich so nach und nach auch Wissen drauf, das man eigentlich nicht haben will. Über Bakterien und Viren etwa. Die Hand-Fuß-Mund-Krankheit begegnet zum Beispiel fast nur Eltern, denn Kinder unter zehn Jahren mag der auslösende Virus einfach am liebsten. Und höchst ansteckend ist er auch. Die logische Folge: Oft trifft er ganze Kita-Gruppen.

Dabei entstammt der Virus, hier das berüchtigte unerwünschte Wissen, der Familie der Entero-Viren, was heißt, dass er über den Mund aufgenommen wird und kurz darauf im Darm (»Entero-«) anfängt sich zu vermehren – um sich von dort aus auszubreiten. Und als sei es noch nicht fies genug, dass ein Virus sich ausgerechnet am liebsten im Darm kleiner Kinder aufhält, verursacht er auch noch außerordentlich miese Symptome. Denn nach dem Standardrepertoire aus Fieber und Unwohlsein sorgt die Hand-Fuß-Mund-Krankheit dafür, was schon im Namen anklingt: irre schmerzhafte Bläschen im Mund auf Zunge, Zahnfleisch und Schleimhäuten. Dazu tritt ein Ausschlag an, man ahnt es schon, Händen und Füßen. Wenigstens der juckt nicht.

Die Krankheit ist hochansteckend und kann auch auf Erwachsene überspringen – nur haben wir den Vorteil, dass wir selten Bauklötze abschlecken und uns manchmal die Hände waschen. Was wiederum erklärt, warum der Virus sich in Schnullergruppen so wohlfühlt: Jeder Legostein ist ein Taxi zum nächsten Wirt. Und bei dem richtet er dann wieder sein schmerzhaftes Werk an. Richtig was tun kann man dagegen nicht. Einjährige waschen sich eben nicht die Hände und erkunden gern Dinge mit der Zunge. Gegen die Symptome hilft ein schmerzstillendes Gel, das auf die Bläschen im Mund aufgetragen wird, oder ein Schmerzmittel: Die Kinderärztin weiß Rat!

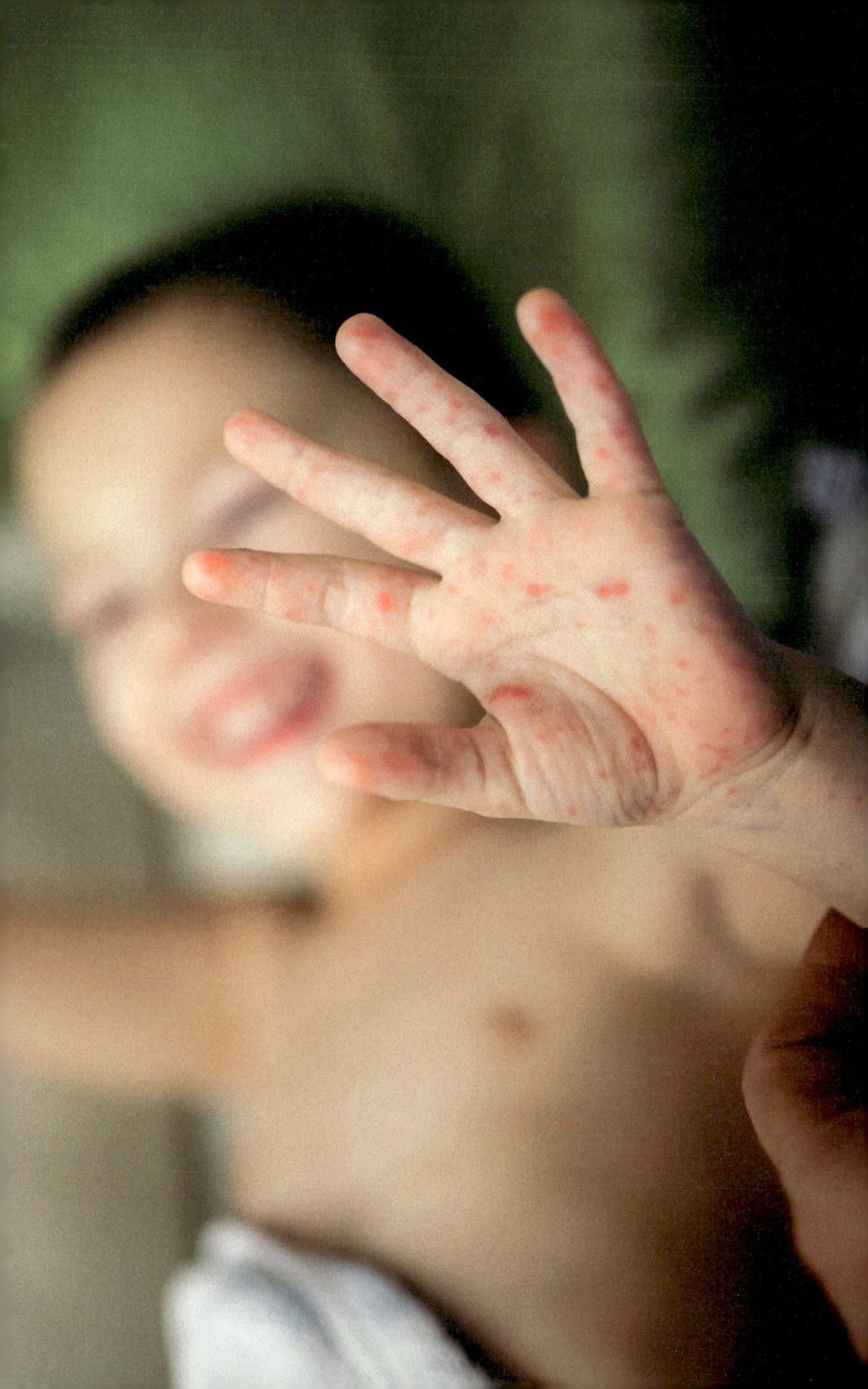

48__Hatchimal

Ei, Ei, Ei …

Dieses Spielzeug hat einfach alles, um zum Hype zu werden! Erstens: Es schlüpft aus einem Ei, wie das olle Überraschungsei, das sich ja auch schon seit den 70er Jahren verkauft wie heute Eigentumswohnungen in Prenzlauer Berg. Und die Kids müssen sich um die Hatchimals kümmern! Wer erinnert sich nicht an die weltweite Hysterie um Tamagotchis in den 90ern? Ein Hatchimal hat aber mehr zu bieten: Es ist schmerzhaft teuer. Fast 70 Euro werden für das plüschige In-Spielzeug fällig.

Marketing-Experten bekommen Schnappatmung, wenn sie so eine Produktbeschreibung tippen: Interaktiv! Lerneffekte! Spielspaß! Zunächst kauft man ein bunt gesprenkeltes XXL-Ei, vor dessen Größe selbst Strauße Respekt hätten. Darin wartet ein Hatchimal darauf zu schlüpfen. Dafür aber ist viel Zuwendung nötig. Das ist wohl der Dreh, mit dem die Eier zum Mega-Erfolg wurden: Die Kinder müssen das Ei versorgen, ehe das Phantasie-Lebewesen den Weg aus seiner Schale freipickt. Danach ist es immerhin noch ein einigermaßen exotisches Plüschtier, das eine Entwicklung durchläuft.

Auf der Homepage des Herstellers liest sich das, als spräche ein Roboter über ein Alien-Küken:»Phase 1 – Ei: Kümmere dich um dein Ei. Phase 2 – Schlüpfen: Hilf deinem Hatchimal™ beim Schlüpfen. Phase 3 – Baby: Versorge und verwöhne dein Hatchimal™. Phase 4 – Kleinkind: Bring deinem Hatchimal™ Laufen, Sprechen und Tanzen bei. Phase 5 – Kind: Schalte neue Spiele für dein Hatchimal™ und dich frei.« Dann allerdings ändert sich das Schema:»Du kannst das Hatchimal™ jederzeit auf Baby zurücksetzen, indem du eine Büroklammer aufbiegst und damit auf die kleine Reset-Taste drückst, die sich an der Unterseite des Hatchimal™ befindet.«

Und wenn es dir zu bunt wird, dann kannst du es zwischen den anderen Ex-Weihnachtsgeschenken im Schrank versenken, möchte man ergänzen. Ach, es ist eben doch nur ein Spielzeug! Und irgendwann wird es ganz bestimmt vom nächsten Hype abgelöst.

49___Die Hebamme

So wichtig, so ausgebucht

Es ist ein nicht zu verstehendes Kuriosum des deutschen Gesundheitswesens: Die Menge der Hebammen passt einfach nicht zur Menge der Geburten. Seit 2015 haben in Deutschland über 50 Kreißsäle geschlossen. Aus zwei Gründen: Der Betrieb lohnte sich für die Klinik nicht. Oder es konnten nicht genug Hebammen gefunden werden. Das hat verheerende Auswirkungen. Auf manchen Inseln wird Schwangeren schon Wochen vor der Geburt der Umzug aufs Festland empfohlen. Und in ganz Deutschland geschieht es immer wieder, dass Frauen unter der Geburt ins nächste Krankenhaus geschickt werden, nach dem Motto »Besetzt!«.

Doch von der Unterstützung unter der Geburt abgesehen, ist die Hebamme auch im Wochenbett unbezahlbar. Sie hilft beim Stillen, das klappt nämlich oft nicht von selbst. Sie wiegt das Kind und sieht so, ob es gut gedeiht. Sie zeigt, wie man ein Baby badet, und pflegt den Nabel. Man darf das nicht unterschätzen: Ein Baby ist erst mal ein unbekanntes Wesen, so klein, schutzlos und zerbrechlich, da tauchen viele Fragen auf, die man nicht einfach googeln kann – das Leben des eigenen Kindes überlässt man besser nicht den Ergebnissen einer Suchmaschine. Immer dann ist die Hebamme da. Sie weiß, wann die Unruhe beim Baby normal ist. Ob die gelbliche Farbe im Gesicht gefährlich ist. Und sie sorgt auch für die frischgebackene Mama.

Eine Geburt und ein Milcheinschuss hinterlassen Spuren und sind eine Umstellung. Die häufigste Frage ist dann wohl: »Ist das normal?«, denn vieles im Leben der Neu-Mama ist ja erstmalig und einmalig! Die Hebamme weiß es – und gibt nicht nur kompetenten Rat, sondern auch Sicherheit und Hilfe in einer Zeit des totalen Umbruchs. Sie verordnet auch mal Ruhe, wenn die Neu-Mami sich gerade überfordern will. Sie ist mit all ihrer Begleitung viel mehr als eine Dienstleisterin: Sie ist der Reiseleiter für das schönste Abenteuer des Lebens.

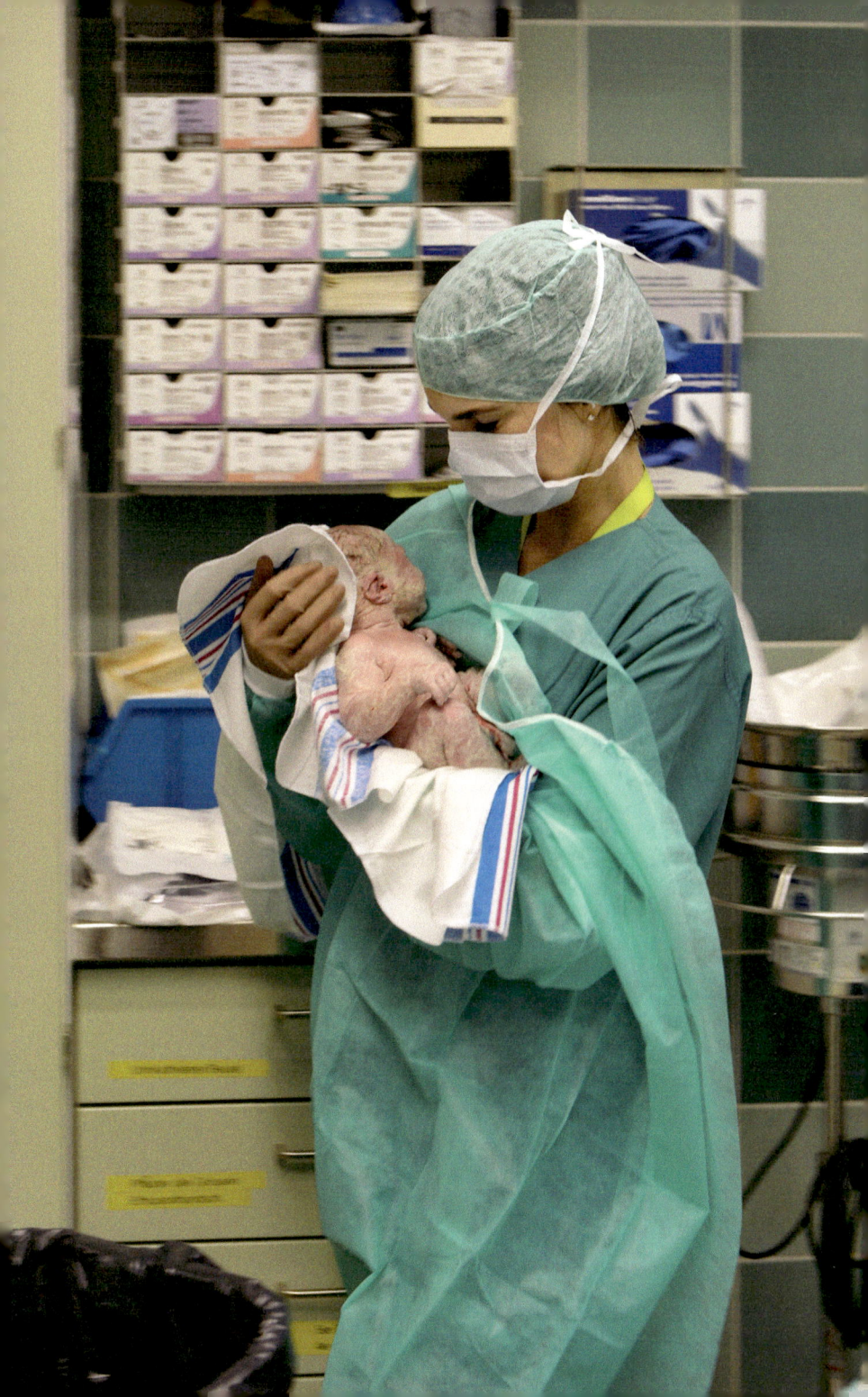

50 Heilwolle

Echt Schaf, das Zeug

Wolle ist cool. Sie ist biologisch (abbaubar), man kann stylishe Pullis und warme Socken aus ihr machen, und da fast nichts doofer ist als kalte Füße, ist das ziemlich super. Aber: Nur Eltern wissen, was Wolle noch kann. Sie ist ehrlich und ohne Hokuspokus Heilwolle!

Dahinter steckt Schafwolle, die vom ursprünglichen Besitzer geschoren und dann gereinigt, getrocknet und gekämmt wurde. So kommt sie in kleinen Säckchen in die Shops, und Eltern können sie für allerlei Wehwehchen nutzen. Aber nicht, weil sie warm und wuschelig ist, nein, dafür wären doch eher die Strickprodukte zuständig. Sie enthält vielmehr das Wollwachs, das das Schaf mit Hilfe seiner Sekretdrüsen herstellt, um sein Fell vor äußerer Einwirkung zu schützen. Chemisch ist es dem menschlichen Lipidfilm der Haut ähnlich, daher werden der Heilwolle auch entzündungshemmende Wirkungen nachgesagt.

Also einfach ein Stück abzupfen und auf schmerzende Stellen legen. Davon gibt es im Elternalltag in der Tat eine Menge: erst die Brustwarzen der Mutter, dann der wunde Po des Babys. Wenn die Ärztin oder Hebamme ihr Okay gibt, kann Heilwolle ein hilfreiches Hausmittel sein. Wie immer gilt auch bei Heilwolle: Gut ist sie, wenn sie keine andere wichtige Therapie verzögert. Bei Unsicherheit immer Hilfe suchen!

Klar, dass man mit ihr auch Fehler machen kann. Auf nässende Wunden gehört sie nie direkt, das wäre kontraproduktiv und der Heilung nicht zuträglich, denn dann gelangen die feinen Härchen in die Wunde. Übrigens wird das Wollfett auch ohne die Wolle verwendet – dann heißt es Lanolin. Eingesetzt wird es in Brustwarzensalbe, Wundsalbe für Babys und in Pflegecreme. Die Heilwolle bitte immer nur einmal verwenden, nur so wird die Wundhygiene aufrechterhalten. Waschen kann man sie leider nicht, denn damit ginge das Lanolin verloren.

51 Hirsekringel

Snack für Einsteiger

Es gibt da diese charmante Ernährungsweisheit: »Iss nichts, was deine Urgroßmutter nicht als Essen erkannt hätte!« Irgendwie eine clevere Art zu sagen: Lass die Finger von Fast Food und Wurst aus der Dose. Dabei sind schon unsere Kinder ganz früh mit eigentümlichen Neuzeit-Snacks konfrontiert, die keine Generation vor ihnen hatte. Zum Beispiel Hirsekringel.

Aber bei denen gibt es gleich die Entwarnung, sie sind nämlich gar nicht so übel. Ganz wenig Zucker, kein Salz, superwenig Fett: Die üblichen versteckten Bösewichte von Fertigfood stecken nicht drin, das hat die Organisation Foodwatch genau geprüft. Was aber ist das, was so aussieht wie zu blass geratene Erdnussflips? Ein bisschen geschummelt sind sie nämlich schon: Als wichtigste Zutat führen die Hersteller Reis auf, erst danach folgen Hirse und Mais. Immerhin klingt die Zutatenliste vernünftig, irgendwie wie frisch vom Feld. Und auch für Menschen mit wenigen Zähnen macht die Mischung schon Sinn, denn die Kringel lösen sich mit Geduld und viel Spucke sehr gut auf. Falls das Kind ein angestrengtes Gesicht macht: Mal nachgucken, ob die zerdrückte Kringelmasse am Gaumen klebt!

Im Geschmack pendeln sie irgendwo zwischen »nichts« und einem leichten Hauch Pappe, mit einer Prise Getreide im Abgang, wenn man milde urteilen möchte. Falls man also einen Snack mit sich führen will, mit dem man sich auch als Elternteil unterwegs gesund über Wasser halten kann (das wird zu gern vergessen!), dann sind die Kringel eher nicht empfehlenswert.

Fazit: Irgendwie schon eine coole Erfindung der Nahrungsindustrie, gepufftes Getreide in Mehlwurmform, ganz ohne schädliche Zusatzstoffe und Geschmack – das schadet den Kindern immerhin nicht. Aber gekochte Karotte, kleine Mangostückchen oder zerdrückte Banane hängen die Kringel in Sachen Geschmack locker ab!

52 Homöopathie

Wer gibt das Plazet fürs Placebo?

Um kaum ein Thema wird so erbittert gestritten wie um Homöopathie – ein Streit, der mit der Schwangerschaft neue Bedeutung gewinnt, denn dann gehen auch die Frauen zum Arzt, die topfit sind. Klar, eine Schwangerschaft ist keine Krankheit, aber beschwerlich ist sie eben doch manchmal. Atemnot, Sodbrennen, Schwitzen, Übelkeit – Achterbahn der Hormone, zwei Organismen, die in einem Körper leben. Es ist also schon einiges los in den 40 Wochen!

Sich selbst zu medikamentieren, ist im Fall von Schwangerschaftsbeschwerden einfach nicht in Ordnung, die Sicherheit des Babys geht klar vor. Deswegen zieht es viele zur Homöopathie, die sie sonst nicht einsetzen. Die Logik hinter den Mitteln klingt einfach: Wirkstoffe sind dank Verdünnung ja keine mehr drin, also auch keine, die schaden können. Aber auch keine, die wirken? Hier sagt die Homöopathie: Das Gedächtnis des Wassers ist das, was hilft. Wissenschaftler sagen, wenn das Wasser ein Gedächtnis hätte, würden wir es nicht trinken, schließlich wird auch Urin dank Kläranlage wieder zu Trinkwasser. Es sei der Placebo-Effekt, der Linderung bei Beschwerden bringe, die auch von allein verschwänden. Kurz: Homöopathie wirkt nicht, aber sie hilft eben doch vielen.

Möchte man sie einsetzen, dann sind bei der Anwendung von homöopathischen Mitteln in der Schwangerschaft zwei Dinge entscheidend. Erstens: Nie ernst zu nehmende Krankheiten verschleppen, indem man zuerst Globuli einsetzt. Das wäre unter Umständen eine Gefährdung der Mutter und des ungeborenen Babys. Heißt: Wer Beschwerden hat, spricht bitte erst mit seiner Ärztin oder einer Hebamme.

Und zweitens: Naturheilkunde ist nicht gleich Homöopathie. Unter pflanzlichen Mitteln sind sehr wohl welche zu finden, die man in der Schwangerschaft nicht einnehmen darf, Anisöl oder Petersilienöl zum Beispiel. Stets gilt: Immer zuerst zum Arzt!

53_Hüftschnupfen

Plötzlich Humpelstilzchen

Also, das Wort »Hüftschnupfen« ist aber auch zu komisch. Deswegen kleine Beruhigung vorweg: Natürlich wächst keinem Kind eine zweite Nase neben dem Po. Die Wortschöpfung zielt eher auf zwei Charakteristika der Kinderkrankheit: Erstens tritt sie hüftabwärts auf. Und zweitens ist ihre Hauptproblematik, ähnlich wie beim Schnupfen, eine Flüssigkeitsansammlung! Mediziner nennen sie Coxitis fugax – was so viel wie »vorübergehende Hüftentzündung« bedeutet.

Das Gemeine: So richtig weiß niemand, wie ein Hüftschnupfen entsteht. Findige Ärzte haben aber beobachtet, dass betroffene Kids meist etwa zwei Wochen zuvor schon mal krank waren – mit einer anderen Infektion! Also bekommen sie als Souvenir des Erbrechens von neulich oder der jüngsten Erkältung später noch Hüftschmerzen dazu. Denn das ist der »Schnupfen«: Es sammelt sich Flüssigkeit im Hüftkopf. Und diese Raumforderung drückt natürlich. Das Resultat: Schmerzen in der Hüfte und manchmal bis in die Beine. Die Eltern bemerken das Problem oft daran, dass das Kleine plötzlich nicht mehr laufen will – und wenn, dann nur humpelnd. Popowackeln geht dann gar nicht mehr, die Drehbewegung des Gelenks zwickt einfach zu fies!

Warum sich ausgerechnet im Hüftgelenk Flüssigkeit sammelt und nicht im Knie oder Ellenbogen? Das hat noch niemand herausgefunden. In den meisten Fällen verläuft das Geschehen jedenfalls harmlos und ist nach einer Woche ausgeheilt. Trotzdem, auch wenn das nervt, ist ein Blick der Kinderärztin oder des Kinderarztes sinnvoll. Denn hinter dem vermeintlichen Hüftschnupfen können auch ernstere Erkrankungen stecken. Kommt Fieber dazu, können – untypischerweise – Bakterien der Auslöser der Erkrankung sein, und dann drohen Knochenschäden. In jedem Fall sollte der kleine Patient sich schonen. Was bei Kindern gar nicht so einfach durchzusetzen ist! Diagnose Bewegungsdrang: Bücher, Fernsehen, Hörspiele und ganz, ganz viel Kuscheln sind nun die beste Medizin!

54 Hyperemesis gravidarum
Einfach zum Kotzen

Es klingt wie eine witzige Anekdote: »Damals bemerkte ich meine Schwangerschaft, weil ich plötzlich keinen Kaffee mehr mochte.« Oder kein Frühstück. Manchen dreht das Wurstbrot den Magen um, anderen der Anblick von Milch, und einigen wenigen Frauen einfach alles. In den meisten Fällen geht die Phase zügig vorüber, und etwa ab dem vierten Monat ist der Appetit wieder da. Bei bis zu drei von 100 Frauen aber bleibt die Übelkeit länger – oder gleich ganz. Dann sprechen Mediziner von Hyperemesis gravidarum. Wen es erwischt, der braucht eine kompetente Behandlung und gute Nerven.

Die Ursachen für das schwerwiegende Schwangerschaftserbrechen sind bis heute ungeklärt. Hormone stecken wohl auf jeden Fall dahinter, und auch einige Gene stehen mittlerweile unter dringendem Verdacht. Die Psyche ist dagegen nicht verantwortlich, wie früher oft suggeriert wurde. Statt sich mit dem alten Märchen der seelischen »Schuld« rumzuplagen, sind betroffene Schwangere also besser beraten, sich an einen Arzt zu wenden. Denn Austrocknung und Gewichtsverlust sind keine Lappalien, sondern müssen behandelt werden. Auch die seelischen Folgen des ständigen Erbrechens dürfen nicht ignoriert werden: Wer den ganzen Tag würgt, krampft und Übelkeit empfindet, der fühlt sich im Extremfall so schlecht, dass er das Kind nicht austragen kann.

Zum Glück gibt es Mittel, die gut erforscht sind und als unbedenklich gelten. Ärzte können sie verschreiben, und manchmal hilft auch ein Klinikaufenthalt. Dort kann die Schwangere per Tropf mit Flüssigkeit, Nährstoffen und Medikamenten gegen die Übelkeit versorgt werden. Das ist auch nicht schön, aber nötig. Und irgendwann ist es geschafft: Das Kind ist auf der Welt, und der erste Kaffee schmeckt auch wieder – oft begleitet von Tränen der Freude. Denn erstens kann man wieder essen, was man will. Und zweitens hält man nun endlich das größte Glück der Welt im Arm.

55 Indoor-Spielplätze

Niemand verhagelt einem diesen Spaß

Eisernes Gesetz im Elternalltag: Sommertage verfliegen wie eine flüchtige Seebrise. Und miese, kalte, verregnete Tage ziehen sich wie Bonbonmasse in der Pfanne. Sommer: Kurz schwimmen gehen, Abendbrot, Bett. Spätherbst: Singen, basteln, malen, lesen, Hörspiel, kuscheln, immer noch nicht neun Uhr morgens. Genau dafür wurden Indoor-Spielplätze erfunden.

Es handelt sich um Orte, an die Nicht-Eltern sich nie verirren würden, und besonders einladend sehen sie auf den ersten Blick auch nicht aus. Fabrikhallenarchitektur mitten im Industriegebiet, denn irgendwo muss die Fläche ja preisgünstig untergebracht werden. Auf oft unsäglich vielen Quadratmetern findet man hier typischerweise ein Fast-Food-Angebot aus der Fritteuse, ein Bällebad für kleine Geschwister – und ein Paradies für die eigentliche Zielgruppe.

Klettern, hangeln, schießen, Boot fahren und Bullenreiten, Autorennstrecke, Hau-den-Lukas, Parkour und Wurfspiele: Die Grenze setzt nur der elterliche Geldbeutel und eventuell die Tinnitus-Anfälligkeit der erwachsenen Begleitpersonen, denn solche Hallen haben alles, was Kinder so ab drei, vier Jahren gern machen und das sie folglich vor Freude zum Kreischen bringt.

Man kann das artifiziell finden, ein perverses Konstrukt unserer urbanen Lebensweise, die uns dazu zwingt, an regnerischen Sonntagen eben nicht mehr auf lauschige Hütten zu wandern und dort zusammen Stockbrot ins Feuer zu hängen. Oder man kann die Nostalgie über Bord werfen, die ja sowieso zu nichts führt, und sich freuen, dass ein ekliger Tag fast so schnell verfliegt wie sonst nur ein besonders sonniger. Die Kids haben Bewegung, die Eltern kommen dazu, sich mal einen Kaffee zwischen Finger und Zähne zu klemmen. Und wenn die letzte Runde gefahren, der letzte Bulle geritten und die letzte Pommes im Magen versenkt ist, dann schlafen sie so gut wie nach einem langen Strandtag. Gute Nacht!

56__Instagram

Perfektionsporno

Da sitzt du in deinem neuen Leben als Mama, vor der Waschmaschine türmt sich Schmutzwäsche, deine Ernährung besteht seit Tagen aus Nudeln, der Kinderwagen ist übersät mit Flecken vom Coffee to go (blödes Schlagloch!), und das einzige Kleidungsstück, das dir Wochen nach der Geburt passt, ist unverändert eine Umstands-Jogginghose. Darunter fängt eine Slipeinlage von der Größe Amrums die Nachblutung auf, und dank der neuen Hormone hast du Pickel wie zuletzt in der Pubertät. Aus deinen Brüsten schießt Milch, und das Baby hat sich gerade oben vollgespuckt und von unten her bis in den Nacken eingekackt. Kein Problem, denkst du, ist ja Wochenbett, wir grooven uns hier so ein … und Hauptsache gemütlich – bis du Instagram öffnest.

Dort gibt es nur Frauen, die auch nach der Geburt frisch frisiert im entzückenden Babydoll mit Nachwuchs im passenden Look fröhlich lächeln. Sie essen Avocado-Bowls und schnitzen sich ihr veganes Frühstück in stylishe Schalen aus Dänemark. Ihre Fingernägel tragen perfekte Maniküre, passend zu den Blumen auf dem Tisch neben dem Bett. Niemand setzt sich auf Kühlkissen, damit die postpartale Vagina nicht mehr schmerzt, niemand trägt riesige Slipeinlagen, und das Stillen sieht immer total gemütlich aus! Und das, OBWOHL fürs Foto ja mindestens noch ein Fotografierender anwesend gewesen sein muss.

Das ist natürlich nichts anderes als Illusion. Perfide auf die Spitze getrieben von denen, die »auch mal nicht so perfekt« eine Designermütze übers unfrisierte Haar drapieren oder einen kleinen Haufen Unordnung auf der 5.000-Euro-Couch ablichten. Vor dem Hintergrund dieser Fotos kann das eigene, echte Leben nur wirken wie aus den Fugen geraten. Deswegen sollte man Instagram als das konsumieren, was es ist: ein Bilderbuch. Gut, auch um mal eine hübsche Rassel zu entdecken oder die Mütze für den Bad-Hair-Day. Aber man sollte nicht denken, man wüsste irgendetwas über die fotografielosen 23 Stunden der Stars.

Extra-Tipp Es gibt mittlerweile Accounts, die das Diktat der sorgenfreien Ästhetik witzig aufbrechen. Amy Schumer zum Beispiel, @amyschumer!

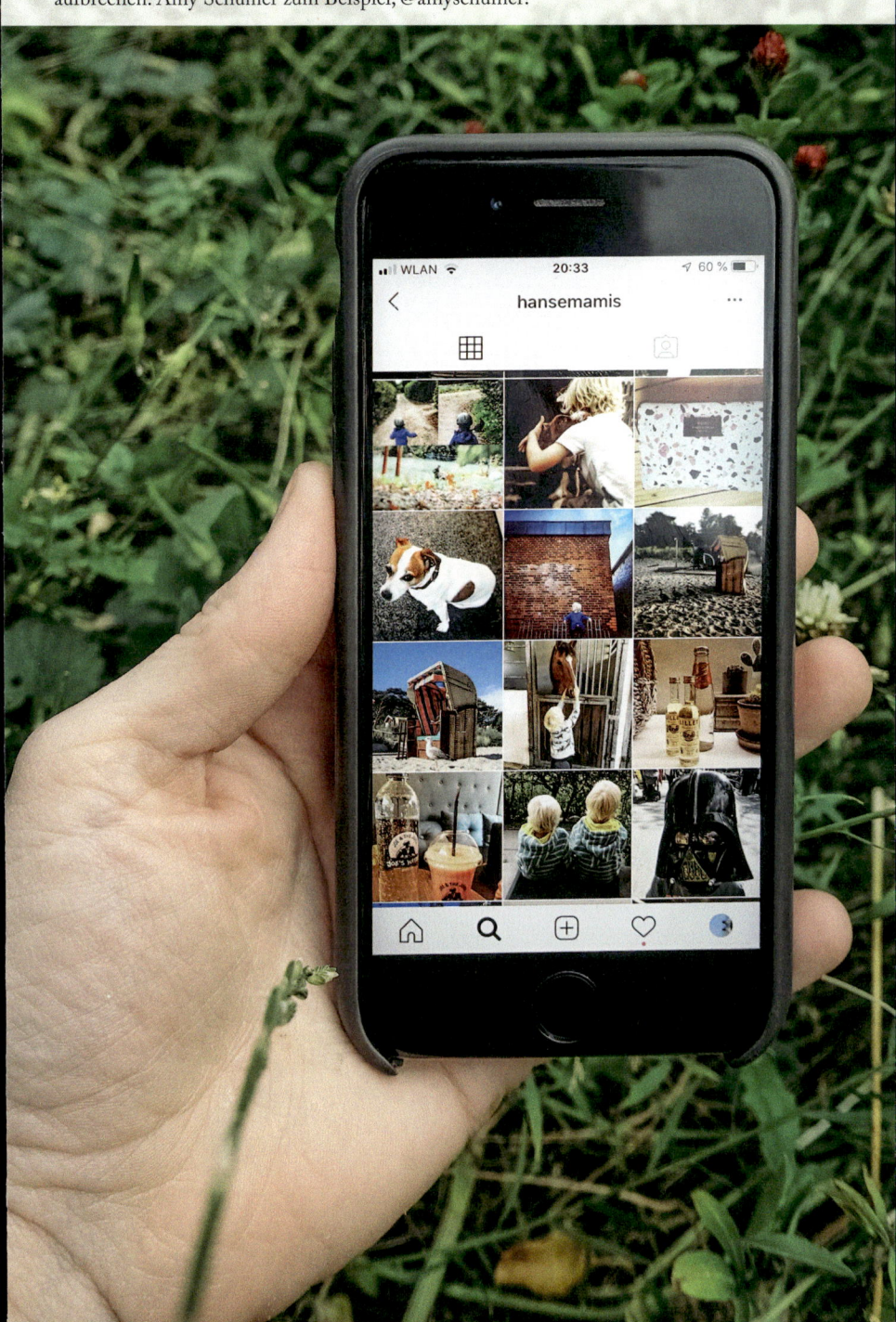

57 Der It-Kinderwagen

Ein Vermögen auf Rollen

Früher gab es Lebensbereiche, die designtechnisch im Vagen verschwanden. Alltagsgegenstände, derer sich kein Designer annahm und für die ihre Hersteller nur mit Funktionen warben. Gemüsezerkleinerer waren so was, Röhrenfernseher – und Kinderwagen. Unsere Eltern kauften, was Sicherheit und praktisches Handling versprach. Aber das ist lange vorbei. Mit dem Bugaboo aus Holland kam 1999 erstmals ein »stylisher« Kinderwagen in die Geschäfte. Er sollte den Markt für immer verändern. Und andere Brands holten auf, in den Shops kämpfen diverse It-Pieces um die Gunst der Eltern.

Neben Bugaboo sind Namen wie Joolz, Stokke, Seed, Cybex oder Mercedes (mit dem Slogan: »From Function to Experience«, fast so gut wie Audis legendäres »Vorsprung durch Technik«!) getreten. Mobilität für Anfänger fängt eben wirklich ganz früh an. Die gute Nachricht: Die können alle was – und ihre günstigen Artgenossen auch. Am TÜV kommt in Deutschland kein Hersteller vorbei, und daher steht nur in den Läden, was unsere Babys auch sicher von A nach B bringt. Also bleibt es Sache nicht nur der finanziellen Möglichkeiten, sondern auch des Geschmacks, ob man sich so ein It-Piece zulegt.

Immerhin hat das nämlich auch Nachteile. Die teuren Gefährte werden mittlerweile ähnlich gern geklaut wie Fahrräder, in Berlin suchte eine eigens gegründete »SOKO Bugaboo« eine Zeit lang nach Banden, die es auf Luxuskinderwagen abgesehen hatten. Und es gibt nicht nur eine Fangemeinde, sondern auch Menschen, die keine vergoldeten, teuren Luxus-Säuglingskutschen mögen. Nach dem Motto: SUV in der Garage, Bugaboo im Hauseingang werten sie beides als finanziellen Exzess.

Den Babys sind diese Diskussionen egal. Sie sind happy mit oder ohne Bugaboo. Ein Mobile ist unter jedem Baldachin eine gute Idee, in dunklen Farben, was anderes erkennen ihre Äuglein nämlich noch nicht, dann wird jede Fahrt ein voller Erfolg.

58_Jesper Juul
Die wahre Super-Nanny

Jesper Juul ist ein 2019 verstorbener dänischer Familientherapeut und einer jener Menschen, die auf ihrem Gebiet wirklich etwas verändert haben. Bei ihm ist es der Blick auf Kinder. Mit seinen Büchern, Artikeln, Interviews wurde Juul zur Ikone der weißen Pädagogik. Und er liefert Eltern bei allen Handlungsanweisungen keinen Grund, an sich zu verzweifeln.

Das Kind ernst nehmen. Es begleiten, ohne es einzuengen. Erkennen, dass es mehr fordert, als es braucht, und ihm mehr Rechte einräumen: Ganz verknappt dargestellt war genau das Jesper Juuls Mission und Verdienst. Mancher Satz aus seinen Werken hat es zum geflügelten Wort unter Eltern gebracht, zum Beispiel »Kinder wollen kooperieren«. Nun ja, wenn das Kind sich gerade im Supermarkt brüllend windet, weil es eine Süßigkeit will, anstatt zu kooperieren, dann kommen einem schon mal Zweifel an der Allwissenheit des (nicht selbst ernannten) Erziehungs-Gurus.

Zum Glück hilft dann, wie so oft: lesen. Denn auch hier gilt Juuls Credo, dass Kinder eben mehr (auch mehr Süßigkeiten) fordern, als sie brauchen. Und da dürfen wir Erwachsene durchaus entscheiden. Was er noch sagt? Viele gute Dinge! Strafen sind doof, Belohnungen auch, und wer sich vorstellt, das auch bei seinem Partner anzuwenden, erkennt die klare Klugheit in den Feststellungen des Dänen. Und wem in der Praxis nicht jede Weisheit anwendbar erscheint, der sei an folgenden Satz erinnert, den Juul einmal der »Zeit« diktierte: »Seid nicht so perfektionistisch. Bis man wirklich gut ist im Erziehen, muss man mindestens vier Kinder haben.« Na, das befreit doch von so einigem. Und auch, dass Jesper Juul es zwar nicht toll findet, wenn jemand schreit, aber immerhin authentisch. Das lässt Raum für eine Lernkurve. Nicht nur die Kinder blickt er also mit Liebe an, sondern auch die Eltern. Und mit dieser Sicht auf den Menschen wurde er völlig zu Recht berühmt.

JESPER JUUL — Nein aus Liebe
Grenzen, Nähe, Respekt
Jesper Juul
62534
roro

JESPER JUUL — Nein aus Liebe
Jesper Juul
62534
roro

JESPER JUUL — Die Kompetente Familie
937

Jesper Juul — Dein kompetentes Kind
62533
roro

Jesper Juul — Dein kompetentes Kind
62533
roro

VERENA KLAUS — Müllkornmanix
LUA

BELTZ
sach

BELTZ
sach

Extra-Tipp Juul hat viele beliebte Ratgeber geschrieben. Zum Beispiel sein bekanntes »Elterncoaching: Gelassen erziehen« (Beltz, Weinheim 2011). Prädikat wertvoll!

59 Juramama

Recht hat sie!

Unter allen Elternbloggern – und die Szene ist wirklich groß, bunt und schlau – besetzt »Juramama« eine besondere Nische. Die Juristin beleuchtet Elternschaft – oft Mutterschaft – sehr fundiert und klug aus rechtlicher Sicht auf ihrem Blog, aber auch in Vorträgen, Artikeln und Kolumnen.

Da merkt man mal, was man alles nicht weiß. Und was man deshalb viel zu oft nicht bedenkt, bevor man Kinder bekommt. Denn klar ist es toll, wenn sich ein Paar darauf einigt, wer zugunsten der Erziehungszeit weniger arbeitet. Was aber, wenn die Beziehung scheitert? Kleine Erinnerung: Wenn Flugzeuge so oft abstürzten wie Ehen, dann würde niemand, niemand mehr einsteigen. Denn auf zehn Eheschließungen kamen 2017 laut Statista satte vier Scheidungen. Für den Fall des ehelichen Crashs müsste also eigentlich ein Ehevertrag her, der nicht nur mündlich verspricht, sich einander »gleich« zu behandeln, sondern auch rechtlich bindend. Das wäre dann gerecht.

Aber das ist nur ein Thema von Juramama alias Nina Straßner. Sie klärt in wenigen Sätzen darüber auf, dass wir gar nicht »in die Rente einzahlen«, weil wir ja gerade die Renten der aktuellen Rentner bezahlen. »Unsere« Rente sollen unsere Kinder blechen! Endlich redet mal jemand spannend über das deutsche Steuerrecht und was das so bewirkt. Dass das Ehegattensplitting »zutiefst frauenfeindlich« ist. Sie wundert sich, dass werdende Mütter arbeitsrechtlich vor Kündigung geschützt sind – nicht aber werdende Väter! Dabei kriegen die doch genauso ein Kind! Und sie schafft es, Politiker mit wenigen pointierten Sätzen zu entlarven. Das ist wirklich kluger, juristisch fundierter Input für die LeserInnen und bitter nötig für Politik und Rechtsprechung. Wer sich also nicht nur mit den emotionalen, medizinischen und organisatorischen Fragen der Elternschaft beschäftigen möchte, sondern auch mit den gesellschaftspolitischen, der ist mit Juramama sozusagen top beraten.

Extra-Tipp Ihr Buch »Keine Kinder sind auch keine Lösung: Schützenhilfe von der Juramama« eignet sich hervorragend für Orte, an denen man ihren Blog in Gestalt eines Handys oder Laptops gerade nicht zur Hand hat.

60_ Kacka

Gesprächsthema Nummer zwei

Es ist wirklich ein Klischee, dem man eigentlich nicht entsprechen möchte, aber sobald man Kinder hat, gibt es zwei große Themen, um die sich viel zu viel dreht: Schlaf und, nun ja, Ausscheidungen. Aa, Pupsi, Kacka, Poo, Nummer 2 – nenn es, wie du willst: Es muss regelmäßig raus aus dem Kind, und das ist gar nicht so easy.

Baby-Verdauungsvariante Nummer eins: Es macht selten das große Geschäft in die Windel. Klingt erst mal praktisch, ist auch in den meisten Fällen medizinisch unbedenklich, aber es gibt dann eben ein organisatorisches Problem: Hat es nach 14 Tagen die »Windel« voll, nimmt es halt den eigenen Nacken, die Klamotten und den Autositz gleich mit. Und das ist eher uncool.

Baby-Verdauungsvariante Nummer zwei: Das Kind ist mit einem sehr aktiven Darm gesegnet, ist ja auch schön, wenn das klappt, aber dann ist eben manchmal zu viel los im Windelbereich. Das ist, als habe man eine Cocktailparty bestellt, bekommt aber Karneval in Köln: alles auf volle Power. Es gibt Eltern, die haben sich beim Wickeln kurz umgedreht, und der gerade unbedeckte Popo des Kindes hat mit vollem Druck in den offenen Kleiderschrank gegenüber gemacht. In drei Meter Entfernung! Da geht es in der Waschmaschine einen Tag lang rund.

Wenn irgendwann die Zeit der ungeregelten Verdauung vorbei ist, stellt sich auch schon die Frage, ob denn auch alle auf die Toilette gehen. Manches Kind macht das große Geschäft lieber weiter in die Windel, andere haben nachts noch lange, lange keine Kontrolle über ihre Blase. Und dazu sind Ausscheidungen auch noch eins ihrer Lieblingsthemen, sobald die Kleinen sprechen können. Da wird über jeden Hundehaufen auf der Straße gestaunt, als sei es ein Goldklumpen mitten in der Wüste! Aber auch die eigenen Toilettengänge werden ganz ungefiltert kommentiert. Das kann man jetzt für ein seltsames Thema einer Konversation halten. Aber mal ehrlich: Hat man je was wirklich Spannendes übers Wetter gehört? Eben.

61 Der Kaiserschnitt

Ausweg mit Skalpell

Die Fakten in Sachen Geburtsvorgang sind schnell erzählt: Die Natur hat die Scheide als natürlichen Weg des Babys in die Welt vorgesehen. Aber die Natur ist eben nicht unfehlbar, deswegen starben jahrtausendelang immer wieder Babys und Frauen dabei. Der Kaiserschnitt wurde das Mittel der Wahl: Dem Kind wird chirurgisch aus dem Bauch geholfen. Mutter und Kind haben dadurch die »normalen« Risiken einer OP mit Anästhesie – aber entgehen jenen, die beim natürlichen Geburtsvorgang mitgeliefert werden.

Die Errungenschaft hat schon unfassbar vielen Eltern zu großem Glück verholfen, dennoch bekam der Kaiserschnitt über die Jahre einen zweifelhaften Ruf. Denn erstens stiegen die Zahlen seiner Anwendung immer weiter. Entbanden in Deutschland im Jahr 1991 noch 15,3 Prozent der Frauen mit OP, erreichte der Wert 2013 einen Höchststand von 32,1 Prozent. Ist das medizinisch nötig? Schadet das den Babys? Schneiden Ärzte »zu schnell«, um ihren Kliniken mehr Geld einzubringen?

Der Hauptkritikpunkt am Kaiserschnitt ist wohl der, dass auf diese Art entbundene Babys im späteren Leben ein höheres Risiko für Asthma, Allergien, Diabetes Typ I und andere Autoimmunkrankheiten haben. Das Problem: Niemand weiß, ob nicht ebenjene Mütter häufiger per Kaiserschnitt entbinden, die diese Veranlagung weitergeben. Ist also der Kaiserschnitt der Auslöser? Die Forscher tüfteln noch an der Beantwortung der Frage. Zudem soll der Weg aus der Scheide durch Kontakt mit Keimen der Mutter die Immunabwehr stärken; das versuchen Ärzte nun in Pilotprojekten zu simulieren. »Vaginal Seeding« nennen sie das und betupfen das Neugeborene nach dem Kaiserschnitt mit Scheidenflüssigkeit der Mutter. Ergebnisse gibt es noch nicht. Im Ernstfall ist nicht entscheidend, was man vorher von ihm hält: Rettet der Kaiserschnitt ein oder gleich zwei Leben, sind alle dankbar – und das zu Recht.

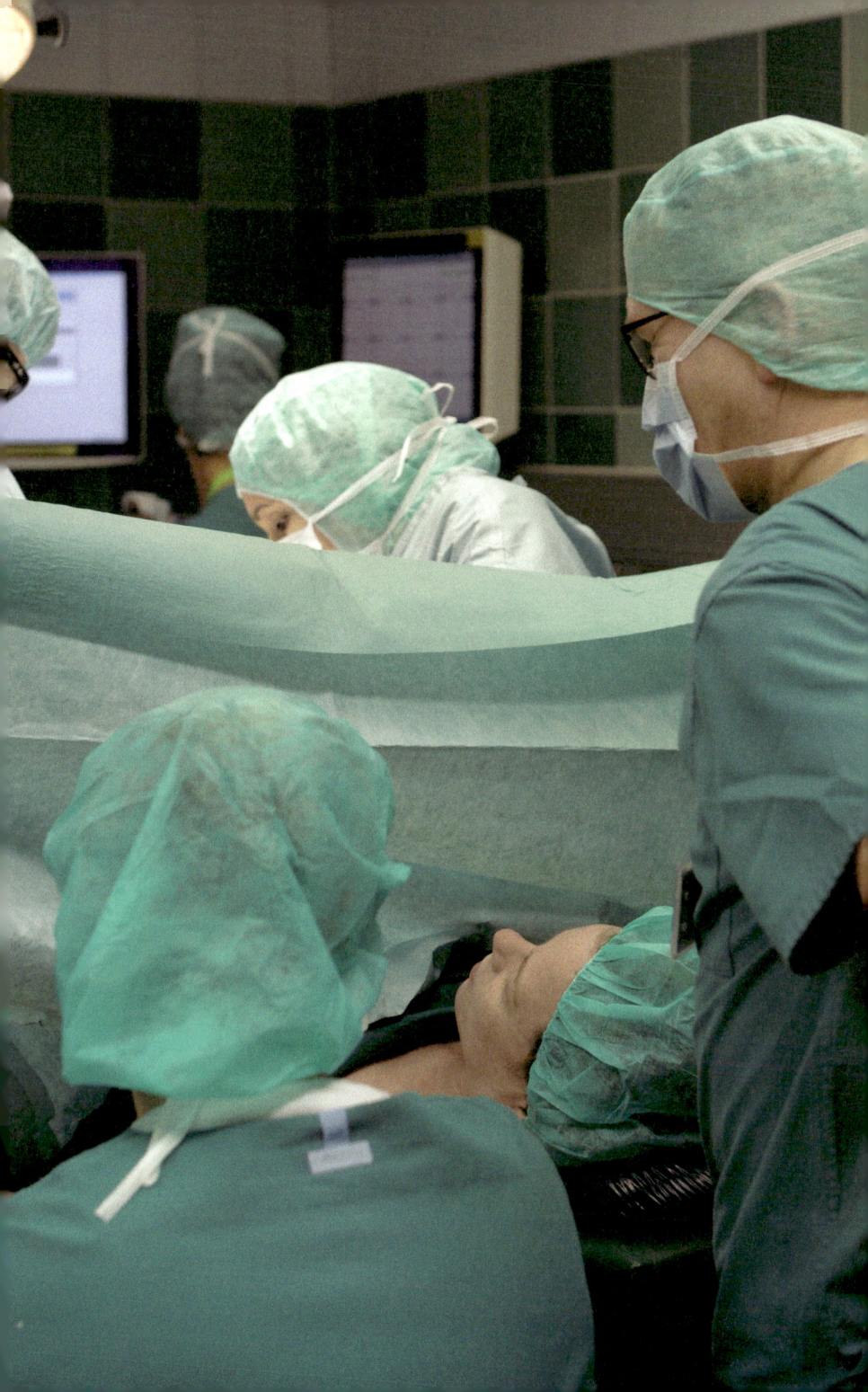

62 Kanga

Australisch fit

Zugegeben: Es ist völlig in Ordnung, mal ein paar Stunden ohne Baby zu verbringen und Sport solo zu treiben. Es gibt schließlich auch Frauen, die kurz nach der Geburt ihrer Kinder wieder arbeiten gehen. Trennungen sind also möglich, ohne dass Mutter und Kind Schaden nehmen. Aber wer Sport mit Baby machen will, der hat auch einen, hihi, noch so ein Steppentier, Strauß an Möglichkeiten: Kanga zum Beispiel.

Angelehnt an das australischste aller Tiere, geht es dabei darum, das Baby nicht im Beutel, aber in der ergonomisch korrekten Trage zu behalten, während Mutter (oder Vater!) Gymnastik treibt. Herauskommen soll ein Spaß für beide Parteien: Schaukeln und Körpernähe fürs Baby, Fitness für den Träger.

Das treibt den Puls hoch, soll straffer machen und dabei helfen, die Babypfunde purzeln zu lassen, wenn man das denn möchte. Kleine Warnung allerdings: Manchmal ist man nach der Geburt gar nicht so wild auf Bewegung, wie man sich das vorher dachte. Es gibt Mütter, die bei der Rückbildung wegpennen, weil ihr Körper akut mehr Schlaf braucht und keine festere Beckenbodenmuskulatur, jedenfalls signalisiert er genau das. Und nach einer Geburt nicht so auszusehen, als wäre man eine 20-jährige Kinderlose, ist schließlich auch in Ordnung! Nicht Kanga zu machen, ist also auf mehrere Arten auch okay. Wer sich aber in der Lage und fit dafür fühlt (Frauenarzt oder Hebamme fragen, ab wann sie das Go gibt!), der kann sich zu Musik rhythmisch mit Baby bewegen. Spaß ist ja immer eine gute Idee!

Der Trend ist beinahe so allgegenwärtig wie Yoga für Mütter, der Erfolg gibt dem Kanga also recht. Sogar für die Zeit vor der Geburt gibt es die Disziplin schon. Dann aber natürlich ohne Trage, denn das Baby ist ja noch im Bauch, wie beim Original. Nur an 13 Meter Sprungweite werden wir Menschen auch durch so einen Kurs nie rankommen.

63 Kapuzenhandtücher

Deckel drauf, trocken sein

Es gibt Dinge, die nur Babys dürfen, modisch vor allem. Sie machen diese kurze, niedliche Zeit ja so einzigartig! Bodys mit Tiermotiven drauf zum Beispiel werden nie aus der Sitzschale raus auf die Catwalks der Welt überspringen. Nur Babys sehen darin toll aus, Claudia Schiffer, da mag sie noch so schön sein, wäre mit Frosch auf der Brust einfach nicht so der Hit. Gleiches gilt für Strampelanzüge. Die ultimative Gemütlichkeits-Fashion wird nie den Weg raus aus der Wiege schaffen. Und Kapuzenhandtücher gibt es auch nicht in Erwachsenengröße. Das ist jammerschade, aber so viel Niedlichkeit muss eben Babys vorbehalten bleiben!

Dabei sind die Tücher, das macht sie ja so erfolgreich, in erster Linie praktisch. Nach dem Baden Baby drauflegen – und mit einem Handgriff ist nicht nur der Körper vor Kälte geschützt, sondern auch das Köpfchen. Das ist so wichtig, denn darüber verlieren Babys am meisten und schnellsten Wärme.

So blicken sie einen also an, aus dieser Mischung von Zipfelmütze und Päckchen aus Frottee, als wären sie nach jedem Bad erneut das niedlichste Geschenk des Himmels. Und das sind sie ja auch! Manche Kliniken schenken zur Geburt so ein Tuch, aber es bleibt auch ein beliebtes Geschenk von Paten- oder Großeltern. Wer schlau ist, kauft kein ganz kleines, denn am Anfang wachsen die Kleinen doch so schnell! Irgendwann aber mögen die Kids die Tücher nicht mehr. Weil sie sie uncool finden. Insofern sind Kapuzenbadetücher nicht nur praktisch und niedlich, sondern sie können auch den Tag markieren, an dem das Kind groß wurde. Letzter Ausweg wäre eine clevere Umetikettierung von niedlich auf cool: Schließlich tragen auch Superhelden Kapuze. Sie nennen das Teil eben nur anders, nämlich: Cape. Batman, Spiderman, alle Vampire dieser Welt und Superwoman: Sie sagen Ja zu dem coolen Teil. Klar, aus Satin. Aber nach dem Baden steigen auch sie ganz bestimmt auf Frottee um!

64_ Der Kita-Platz

Frühbucher first

Jetzt wird es etwas unromantisch. Denn bei allem Glücksdusel von Schwangerschaft und Geburt: Mit einem Baby zieht nicht nur das Glück zu Hause ein, sondern auch ein Haufen organisatorischer Kram. Der erste Brief an viele Neugeborene kommt zum Beispiel vom Finanzamt. Aber nicht, um Hallo zu sagen natürlich oder Glückwünsche auszusprechen. Er enthält die Steueridentifikationsnummer. Damit ist der Ton schon mal gesetzt: Der neue Bürger muss von Amts wegen eben verwaltet werden. Und so geht es weiter, denn, kein Scherz: Wer sein Kind in einer Kindertagesstätte betreuen lassen möchte (oder von einer Tagesmutter), muss sich in vielen Städten schon VOR der Geburt um einen Platz kümmern.

Unter Umständen kann das trotzdem schon ein paar Jahre zu spät sein, denn Geschwisterkinder haben Vorrang. Nicht nur in Metropolen wie Hamburg, Köln und München kann die Suche nach einem Kitaplatz zur echten Aufgabe geraten. In Leipzig berichtete die Presse sogar von einer 450 Menschen langen Schlange bei einer Neueröffnung.

Wie also lautet das Rezept? Systematisch vorgehen und Plan B und C entwickeln. Sucht euch eure Favoriten aus und fragt dort per E-Mail oder Telefon an. Verlasst euch nicht auf die Warteliste, denn die wird häufig gar nicht akribisch gepflegt – es rufen ja jeden Tag genügend Bewerber an. In vielen Kitas ist eine möglichst lange Betreuungszeit von acht oder zehn Stunden beliebt, denn die bringt mehr Geld. Und ein Bewerbungsschreiben schadet auch nicht. Ihr habt Lust, aktiv mitzuhelfen beim neuen Hochbeet, dem Laternenumzug oder bei Ausflügen? Das sind auf jeden Fall Pluspunkte. Und dann nicht verzweifeln: Oft gibt es eine Kita, die auf dem Weg zur Arbeit liegt und auch schön ist. Oder man findet eine Tagesmutter. Mit dem Betreuungsplatz ist es also wie mit Kindern überhaupt: Es kommt vieles anders als gedacht. Und wer flexibel bleibt, der gewinnt.

65 Die Kliniktasche

Das erste Mal packen für zwei

Während einer Schwangerschaft gibt es unvergessliche Meilensteine. Der positive Test. Die kritische Dreimonatsmarke. Der erste Herzschlag (oder Fußtritt) – und das Packen der Kliniktasche. Eine knifflige Angelegenheit, schließlich wird das kein normaler Kurztrip! Wie lange bleibt man dort? Was, wenn es ein Kaiserschnitt wird, braucht man dann andere Sachen? Manches packt man ins Ungefähre ein. Da bricht sich der Umstand, dass der Start ins Familienleben eine Expedition ins Ungewisse ist, voll Bahn. Zum Glück ist eins sicher: Babys kommen auch ohne Kliniktasche zur Welt, nach der Geburt kann alles noch besorgt werden, und auch wenn das mal dauert, gibt es in der Klinik auf jeden Fall Strampler, Mützchen, Windeln und Pipapo. Gehen wir aber mal vom ideal geplanten Fall aus, dann könnte die Kliniktasche ab der 32. Woche irgendwo gut greifbar in der Wohnung stehen. Hinein gehören auf jeden Fall Papiere wie Personalausweis, Heirats- oder Geburtsurkunde der Mutter, Krankenkarte und natürlich der Mutterpass. Kontaktdaten der Hebamme gern auch auf einem Zettel in die Tasche stecken.

Dann ein Necessaire für die Eltern, ganz normal wie für einen Kurztrip – plus Stilleinlagen und Binden extrastark für die Neu-Mami. An Kleidung Stillshirts, einen Morgenmantel (für den Walk über den Klinikgang) und bequeme Jogginghosen, denn der Hosenbund scheuert nicht so an einer möglichen Kaiserschnittnaht. Dazu rutschfeste Pantoffeln, warme Socken (kalte Füße können die Wehen hemmen) und einen Sack für Wäsche.

Snacks, Getränke, was zum Lesen oder Gucken sind auch gut, denn Hunger und den Wunsch nach Unterhaltung hat der Mensch immer. Tja, und zum Schluss fehlt noch das erste Outfit fürs Baby. Größe 56 passt fast jedem, Body, Hose, Söckchen, Jäckchen und Mütze müssen es sein. Dazu kommen eine Decke und eine Sitzschale für die erste Autofahrt. Auf ins Leben!

Extra-Tipp Die Mama sollte sich ein paar sehr große XXL-Schlüpfer zulegen, die a) bis zum Nabel reichen, damit sie nicht auf einer potenziellen Kaiserschnittnaht reiben, und b) eine sehr große Slipeinlage beherbergen können.

66 Läuse

Klein, aber igitt

Kopfläuse sind die zweithäufigste übertragbare Kindererkrankung. Nach Erkältungen! BÄM, allein vom Lesen der einfachen, fiesen Tatsache juckt der Kopf doch schon. Kopfläuse holen also wirklich fast jeden Haushalt mit Kindern mal ein. Zeit, dieser Wahrheit ins winzige Gesicht zu blicken.

Kleiner Trost: Läuse können nichts weiter als lästig sein. Sie haben keine Gastgeschenke in Form von Viren oder anderen Ekligkeiten im Gepäck. Nicht mal zu Flügeln hat es der Evolution in ihrem Fall gereicht. Sie leben davon, dass sie von Kopf zu Kopf weitergegeben werden. Damit haben sie in Kindergärten leichtes Spiel, denn die Kids haben beim Spielen oft Körperkontakt. Auf jedem neuen Haupt ernähren die Parasiten sich dann vom Blut ihres Wirtstiers (und damit sind unsere Kinder gemeint!), das macht sie ja auch so lästig.

Was also tun, um die Haustiere wider Willen loszuwerden? Zuerst ein Gang in die Apotheke – darin entwickeln Eltern eine gewisse Routine, die Apotheke ist nach der Drogerie eine der wichtigsten Anlaufstellen. Dort gibt es Mittel, die für uns Menschen unbedenklich sind, auf Läuse aber neurotoxisch wirken. Heißt: Sie vergiften die Läuse, indem sie ihr Nervensystem angreifen. Oder sie ersticken sie, je nach Wirkstoff. Das klingt jetzt gemein, aber wenn man sie nicht damit verarztet, saugen sie ja weiter an den Kindern! Ein Nissenkamm muss auch her. Dann heißt es kämmen und waschen, kämmen und waschen. Je nach Mittel sagt die Packungsbeilage, was zu tun ist.

Ist der Wirt versorgt, muss noch der Haushalt entlaust werden. Mützen, Bettzeug, Bürsten: Alles, was Kontakt mit befallenen Köpfen hatte, gehört für drei Tage in einen Plastiksack. Dann ist auch die letzte Laus verhungert. Kein Grund für Mitleid: In irgendeiner Kita wartet eine andere Population darauf, sich weiterzuverbreiten. Versprochen!

Extra-Tipp Auch wenn es nicht in der Packungsbeilage steht: Wohl kein einziges Mittel tötet auch die Eier. Deswegen die Behandlung nach acht Tagen ein zweites Mal durchführen!

67 Das Lastenfahrrad

Muskelschmalz, die erneuerbare Energie

Autos sind nicht der Hit für die Umwelt – und für die eigene Gesundheit auch nicht. Allein unterwegs ist die Einsicht leicht umzusetzen: Fuß, Roller, Rad, Bahn, top! Aber mit Kind wird es plötzlich etwas schwieriger, denn das Kleine wächst und nimmt zu, und wenn man dann noch den Wocheneinkauf zu schleppen hat? Hilft ein Lastenfahrrad. Das wird besonders bei Eltern immer beliebter.

Sie sind hübsch, robust und schieben eine Art Transportkiste vor sich her, in der man Kinder sehr bequem und dank Einbausitzen auch sicher unterbekommt. Bis zu vier kleine Mitfahrer finden darin Platz. Bleibt der Nachwuchs zu Hause, passt sogar eine Waschmaschine vorn rein – ernsthaft, das haben Journalisten mit dem dänischen Christiania-Bike getestet. Und wer sich für die Variante mit E-Antrieb entscheidet, schafft auch längere Strecken ohne Schwächeanfall, denn die Batterie spart viel Atem und Muskelschmalz.

Mit mehreren tausend Euro ist der Anschaffungspreis zwar ungefähr so hoch wie der eines gebrauchten Kleinwagens. Aber: Das Lastenfahrrad stinkt nicht, braucht keine Winterreifen – und aus der Inspektion geht man auf jeden Fall günstiger raus als beim Auto. Ein Dach macht es regensicher, nicht umsonst setzen auch Post- und Pizza-Dienste auf die soliden Teile. Dank ausgeklügelter Techniken wie zweirädriger Vorderachse fahren sie superstabil. Klar, schnelle Wendemanöver sind da nicht drin, aber das ist ja auch keine Achterbahn hier! Städte wie München und Berlin haben sogar schon Förderprogramme für die Neuanschaffung aufgelegt, weil sie hoffen, damit ein paar Autos von den immer volleren Straßen zu kriegen.

Nachteile? Im gewöhnlichen Fahrradkeller könnte es etwas voll werden, wenn sich alle im 14-Parteien-Haus so ein Lastenfahrrad anschaffen. Die Abstellfrage müsste also vor dem Kauf geklärt sein. Das Mitfahren vorn ist jedenfalls gleichzeitig so gemütlich und spannend, dass man als Fahrer glatt neidisch werden könnte.

68 Lifehacks

Wenn ich das gewusst hätte!

Ordnung ist das halbe Leben? Wer Kinder hat, weiß, dass sie manchmal sogar viel mehr ausmacht. Denn: Wenn man den Schnuller im Notfall nicht findet, das Fläschchen oder die Stillhütchen vergessen hat und die Ersatzwindel zu Hause liegt, wenn man gerade aber a) unterwegs und das Baby b) komplett vollgemacht ist, dann ist das extrem schade. Um solchen Situationen vorzubeugen, helfen ein paar einfache, aber geniale Lifehacks!

Zum Beispiel der, immer ein komplett gepacktes Täschchen in die Handtasche zu packen. Inhalt: Schnuller, Windel, Feuchtis, Snack. Damit fühlt man sich gerüstet für die härteste Expedition, das Abenteuer Familienleben! Am besten eins in die Handtasche, eins in den Kinderwagen. Dazu sagt man gemeinhin: »Doppelt gemoppelt hält besser«, was sich nicht nur beim Doppeldecker, der Doppelnaht und der Doppelverglasung bewährt hat.

Aber es gibt noch mehr Tricks: Einen kleinen Handtuchhaken an die Rückenlehne des Kinderstuhls kleben, dann hat man einen festen Ort fürs Lätzchen. Oder im Sommer immer ein paar leere Muffin-Cups dabeihaben. Eis am Stiel von oben durchpiksen – fertig ist das weltbeste Schmelzeisauffangbecken! Oder ein Gefäß an der Rückseite des Fahrersitzes befestigen, einen oder mehrere interessante Gegenstände an einen Faden binden und darin versenken – schon ist für beste Unterhaltung während der Fahrt gesorgt! Cool auch die Idee, ein Pflaster mit buntem Motiv in der Mitte zu zerschneiden und je eine Hälfte auf die Innensohle der Schuhe zu kleben. So reicht ein Blick, und das Kind weiß, welcher Schuh wohin gehört. Noch einer? Gern! Um Kinder davor zu schützen, dass sie sich die Finger in der Tür klemmen, genügt ein Stück Poolnudel. Einfach circa 15 Zentimeter abschneiden, mit dem Cutter an einer Seite aufritzen und über das Türblatt schieben – dann gehen sie nicht mehr zu. Ein Spaltbreit, groß genug für Kinderhände, bleibt immer offen. Das Leben ist einfach schöner mit ein paar kleinen Tricks!

69_ Listicals

*Diese zehn Dinge aus deinem ersten Jahr mit Baby
wirst du bereuen!*

Na, die Unterüberschrift geht mitten ins Mark, stimmt's? Was werde
ich bereuen? Was muss ich anders, besser machen? Welche super-
wichtigen Infos werden mir jetzt geschenkt? Her mit der Liste, oder
wie es in Redaktionen heißt: dem Listical!

Die Wortschöpfung ist eine Fusion der englischen Worte für Liste und Artikel, und in den Online-Newsrooms dieser Welt sind die
Aufzählungen ein Dauerbrenner. Der Grund: Mit den Überschriften
lässt sich easy Neugier wecken, oft spielen sie mit den Emotionen der
Leser und setzen auf eine Art menschlichen Drang, den Artikel zu
öffnen. Hey, wir sind Jäger und Sammler – und das gilt ja wohl auch
für wahnsinnig wichtige Informationen! Zumal als Neu-Eltern, für
die jeder Tag Neuland ist!

Dafür, das ist ihre Aufgabe, nutzen die Listicals aber nicht nur
den Wissensdurst, sondern auch die Unerfahrenheit und Unsicherheit der Leser. Schenken sie aber wirklich einen Wissensvorsprung?
Nun, eher selten. Was sie bringen, sind Klicks – und damit Werbeein-
nahmen. »Wetten, dass dein Körper nach der Schwangerschaft diese
zwölf Dinge tut?« Zack! Willst du wissen! Zack! Verlag reicher, weil
dir oben, seitlich und am Fuß der Seite schnell noch Creme gegen
Dehnungsstreifen eingeblendet wird. Ergebnis: Vorher warst du neu-
gierig, jetzt fühlst du dich streifig. Klappt auch mit »Wetten, dass du
diese zehn Dinge in deiner Beziehung falsch machst?« oder, banaler,
»Diese fünf Dinge machen japanische Hausfrauen besser als du!«.
Super Infos, und die Werbung informiert dich darüber, dass es einen
neuen Beziehungsratgeber und ein tolles Putzmittel zu kaufen gibt.

Aber im Grunde ist das ja überall im Internet so, die meisten Seiten finanzieren sich über Werbung. Und wenn die Listen unterhalten, ist das doch super. Gut möglich, dass du im Kopf irgendwann
dein eigenes Listical formst: »Wetten, dass ich die schwachsinnigsten
zehn Listen im gesamten Internet gelesen habe?«

70 Loom-Bänder

Bunt und rund

Freundschaftsbänder sterben wohl nie aus. Ist ja auch irgendwie süß und romantisch, dass die Kids sich so gernhaben, dass sie sich gegenseitig Schmuck knüpfen und gleich aussehen möchten. Früher haben sie das mit Wolle und Garn gemacht, seit ein paar Jahren sind die Rainbow Loops aus den USA angesagt.

Sie werden zusammen mit einem Mini-Webstuhl aus Plastik verkauft, und dank seiner Hilfe schaffen es schon ziemlich kleine Hände, aus den winzigen Gummibändern Schlangen zu knüpfen, aus denen wiederum mit einem kleinen Verschluss Armbänder werden. Ausgedacht hat sich das ein amerikanischer Ingenieur und landete damit einen Mega-Erfolg. Klar, dass er neben der Produktion auch mehrfach damit beschäftigt war, sein Patent vor Gericht zu schützen, die Idee schien anderen einfach zu gut, um sie unkopiert zu lassen.

Doch der Fight hinter den Kulissen ist Kindern natürlich egal. Sie liebten die Dinger auf Anhieb, und der Hype wurde noch dadurch verstärkt, dass Promis wie David Beckham Loom-Bänder trugen. Das Resultat: Die Welt war plötzlich voll mit den Dingern, und das ist durchaus wörtlich gemeint. Denn wenn der 500er-Pack einmal im Haus ist, finden sich die kleinen Ringe irgendwann hinter der Matratze, in den Dielenritzen, unter dem Teppich und letztendlich im Staubsaugerbeutel.

Ein gelöstes Problem? Leider nein, denn sie werden aus Silikon gefertigt, und das ist weder abbau- noch recyclebar. Zahlreiche Menschen protestierten deswegen schon gegen die Bänder. Ihre Forderung: Dass sie doch bitte schön aus einem anderen, abbaubaren Material gefertigt werden sollten. Nicht zu viel verlangt zu Beginn des dritten Jahrtausends. Und solange das noch nicht umgesetzt ist, bleibt Plan B: Trend auslassen und wieder Garn benutzen. Das wäre dann nicht nur ein Geschenk an die besten Freunde der Kinder, sondern auch an die Nachwelt!

71 Die Lotusgeburt

Ankunft mit Gepäck

Manche Trends sind im ersten Augenblick sehr gewöhnungsbedürftig. Und bleiben es für die meisten Menschen auch. Die Lotusgeburt ist so ein Fall. So wird die Praxis bezeichnet, bei der nicht wie üblich die Nabelschnur nach der Geburt durchtrennt wird, sondern die Plazenta über die Nabelschnur so lange mit dem Baby verbunden bleibt, bis sie abfällt.

Das ist im Handling nicht einfach, denn es kann bis zu zehn Tage dauern. Und so 500 Gramm rohes Fleisch, ungekühlt … das birgt Probleme. Praktisch funktioniert das Verfahren so, dass die Plazenta nach dem Auspulsieren der Nabelschnur gereinigt und in eine Stofftasche gelegt wird. Sie wird dann mit Kräutern, Salz oder Lavendelöl bestreut, das soll dem bakteriellen Fäulnisvorgang entgegenwirken und den Trocknungsprozess fördern. Mumifizierung to go sozusagen!

Argumente gegen diese Praxis: Es gibt in der Natur keine tierischen Vorbilder, die ihren Mutterkuchen weiter mit sich herumtragen. Die Lotusgeburt ist also kein »natürlicher« Vorgang, sondern ein erdachter. Das Fleisch beginnt mit der Geburt zu rotten und ist so eine potenzielle Quelle gefährlicher Erreger. Auch besteht die Gefahr, beim Wickeln oder Tragen versehentlich an der Nabelschnur zu reißen und so den Nabel zu verletzen.

Einige Argumente, die Befürworter der Praxis ins Feld führen: So stünden dem Baby Blut und Nährstoffe zur Verfügung, die Lunge könne sich langsam an ihre Tätigkeit gewöhnen. Zudem ermögliche der Vorgang Mutter und Kind eine langsamere Lösung voneinander, was ein psychologischer Vorteil sei. Oftmals erhoffen sich die Anwender eher eine spirituelle Erfahrung.

Wem die Lotusgeburt nicht zusagt, der kann die Nachgeburt essen, manche buddeln sie ein und pflanzen einen Baum darauf, andere lassen teure Globuli aus ihr herstellen. Nichts davon hat einen wissenschaftlich belegten Nutzen, aber darum geht es bei solchen rituellen Handlungen ja auch nicht.

72 Mieten statt Kaufen

Sparen ohne zu verzichten

Ausgerechnet der ADAC rechnet es im Internet vor: »Was ein Auto tatsächlich kostet«. In einer schicken Tabelle stehen Anschaffung, Wertverlust, Reparatur, Versicherung und TÜV plus Benzin. Die krasse Wahrheit: Selbst ein bescheidener italienischer Kleinwagen kostet danach 449 Euro im Monat. Dafür kann man ziemlich viel Bus, Taxi und Mietauto fahren! Ehrlicherweise ist Miete oft günstiger als Eigentum, und das nicht nur beim Auto. Deswegen liegt der neue Konsum auf Zeit auch voll im Trend.

Das haben auch die Unternehmen erkannt, und viele bekannte Player wie Otto, Media Markt, Saturn oder Tchibo haben inzwischen auch Mietangebote im Programm. Klar, nur bei Non-Food-Artikeln, die sind ja nicht blöd. Aber das ist praktisch!

Nehmen wir das erste Babybett: Super, aber hat eine Haltbarkeit von vielleicht sechs Monaten. Danach muss was Längeres her. Deswegen bieten auch schon manche Geburtskliniken das Beistellbettchen, in dem Baby die ersten Tage verbringt, zum Verleih an. Bibliotheken gibt es gefühlt schon immer und bewahren einen davor, bei der Flut der liebenswerten Kinderbücher in eine Konsumexplosion zu verfallen. Und Kinderwagen kann man auch schon von mehreren Anbietern mieten. Genau wie One-Day-Wonder – das Taufkleid oder den Skianzug, den man wirklich nur eine Woche im Stubaital braucht, so als Ostfriese.

Ist doch super – wenn man das alles einmal ehrlich durchrechnet. Vor allem wer nur ein Kind will, ist mit Miete oft besser dran. Sollen aber noch drei nachkommen, ist so ein Kauf zum Beispiel eines Buggys schnell lohnend. Und man sollte sich auch nicht dazu verführen lassen, nur auf die kleine Rate zu schielen und deswegen teurer und mehr zu konsumieren. Nicht umsonst ist es eine der Kernkompetenzen von Verbraucherzentralen, vor dem Leben auf Pump zu warnen. Also: vergleichen, rechnen, nachhaltig mieten. Dann ist alles gut!

73___Moro
Automatisch da, automatisch weg

Glabella, Babinski, Moro – die bringt das Baby alle mit aus dem Mutterleib! Keine Sorge, die klingen ganz schön düster, das sind aber weder seine unangemeldeten Kumpels noch gefährliche Bakterien, sondern Reflexe!

Eigentlich sind sie ein bisschen rührend. Denn die Natur hat sie entwickelt, damit unsere Art überlebt. Und da liegt es nun, dieses winzige, nackige Wesen, das nicht laufen, sich nicht drehen und nicht mal den Kopf allein halten kann – und ist damit so schutzlos wie kein anderes Säugetier bei der Geburt. Was aber hat die Evolution diesem Minimenschen in den mageren Rucksack der Überlebenswerkzeuge gepackt? Es sind gerade mal: Reflexe.

Da ist der Suchreflex, denn auch wenn das Baby nicht zu seiner Nahrungsquelle gehen kann wie ein Kitz oder Kälbchen: Immerhin vermag es, die Brust zu suchen. Oder Saug- und Schluckreflex, die ihm ermöglichen, sich gleich mal fit zu futtern. Das hat kein Baby im Mutterleib gelernt!

Der Schreitreflex, mit dem das Baby zu laufen scheint, wenn man es aufrichtet, kann dazu dienen, sich auf der Mutter in Richtung Brust hochzuschieben. Dazu kommen noch der Greifreflex, mit dem Babys zum Beispiel einen Finger fest umklammert halten, und der berühmte Moro: Auf einen Reiz wie Bewegung oder Licht reißt das Baby seine Arme erst auseinander, um sie dann wie zu einer Umklammerung zu schließen. Das sollte wohl mal verhindern, dass es bei Lageänderung des tragenden Erwachsenen herunterfiel – als wir noch Fell hatten, hat das bestimmt super geklappt.

Babinski löst eine Spreizung der Zehen aus, wenn man die Füße berührt, und der Glabellareflex wird oberhalb der Nasenwurzel getriggert: Wenn man dort anfasst, schließt das Baby die Augen. Reflexe und ihr Verlust sind ein guter Indikator für die Gesundheit. Dann lernt das Baby zum Beispiel, den Finger auch loszulassen. Und hat damit den ersten Entwicklungsschritt schon getan.

74_Mutterliebe

Ein Gefühl wie kein anderes

Wieso bleiben so viele Menschen kinderlos? Weil eine Schwangerschaft irgendwie auch eine Zumutung ist, und damit geht es ja los. Weil man mit Kind Freiheiten verliert und das Projekt Familie Geld kostet, sehr unsicher ist und ein Marathonlauf, aus dem man nicht aussteigen kann. So gesehen muss man sich eher fragen: Warum bekommen trotzdem so viele Leute Kinder? Die Antwort lautet: Liebe. Mutterliebe, und damit ist auch Vaterliebe gemeint, natürlich.

Das ist der X-Faktor, den niemand erklären kann, bevor das Baby da ist: Eine Liebe, die so anders und groß und tief und euphorisierend ist, dass Menschen in Nachtclubs eigentlich ständig Kinder kriegen müssten, statt Drogen zu nehmen, dann hätten sie den besseren Trip, der zwar nicht so leicht zu beschaffen ist, dafür aber deutlich länger anhält und unendlich gesünder ist.

Die Natur hat das schon clever eingerichtet: Babys sind so unfassbar liebenswert und kuschelig-weich wie nichts anderes auf der Welt – keine Seidenraupe kann, was der weibliche Körper hervorbringt! Und dann der Duft und die Geräusche, die sie verbreiten! Die Gleichung, die also nur Eltern am eigenen Leib erfahren, lautet: Glückshormone plus alle Signale des Babys ist gleich maßlose Euphorie.

Kleine Einschränkung: Selbst ein so wirkmächtiger Mechanismus wie die Elternliebe funktioniert nicht bei jedem auf die gleiche Art und Weise. Manche Eltern kommen erst mal nicht in den Genuss der hormonell bedingten Rauschhaftigkeit des Wochenbetts. Manchmal tritt sogar das Gegenteil ein: eine Depression. Am wenigsten bringt es dann, sich selbst für minderwertig zu halten oder verantwortlich zu fühlen. Wer merkt, dass er in Traurigkeit, Leere oder Erschöpfung abgleitet, kann sich Hilfe holen. Die Hebamme, die Gynäkologin oder der Hausarzt wissen Rat. Auch mit Baby schlägt die Liebe mal ein wie der Blitz, und mal kommt sie ganz langsam – aber schön ist sie immer!

Extra-Tipp Die »Muttergefühle. Gesamtausgabe«-Bücher 1 und 2 von Rike Drust sind Bestseller und unfassbar gute Literatur zum Thema Elternschaft.

75___Der Nachtschreck

Angst für alle

Plötzlich spielen sich Szenen ab wie im Horror-Movie: Gerade noch schläft das Kind friedlich, und im nächsten Moment schreit es, schlägt um sich und blickt mit aufgerissenen Augen ins Dunkel der Nacht. Angstschweiß inklusive! Der Puls der Eltern schießt durch die Decke, da kicken alle urzeitlichen Beschützerinstinkte Adrenalin ins System. Willkommen, der »Nachtschreck« ist zu Besuch!

Mediziner nennen ihn »Pavor nocturnus«, und leider ist er häufig in Kinderzimmern unterwegs und lässt sich nicht so leicht vertreiben. Denn die Kinder, die panisch im Bett liegen, lassen sich nicht aufwecken und trösten. Das macht den Nachtschreck so fies: Die Kleinen scheinen zwar wach, erkennen ihre Eltern aber nicht und bleiben so in ihrer Angst allein. Zu panisch, um zu schlafen – und zu sehr im Reich der Träume gefangen, um die Angst abzuschütteln.

Der Nachtschreck trifft Kinder meist bis zur Einschulung, und zuschlagen kann er wegen einer Besonderheit des heranwachsenden Gehirns: Es vermag noch nicht perfekt umzuschalten zwischen Schlaf und Wachsein. Deswegen wacht der Körper zwar auf vom Schreck, der Geist aber verharrt im Reich der Träume. Also reagieren die Kinder auch nicht auf Trost von außen. Doofes Gefühl von Hilflosigkeit für die Eltern!

Die gute Nachricht: Das ist kein Grund zur Sorge! Auch wenn es Erwachsenen durch Mark und Bein fährt, die Kinder tragen keinen Schaden davon. Es gibt nach Meinung von Experten keinen tiefer liegenden Grund für die nächtlichen Angstattacken, und sie bleiben auch nicht in den Tag hinein präsent. Dagegen helfen sollen ein paar Regeln: Nicht zu aktiv sein am Abend. Nicht fernsehen. Und für Eltern ist es am besten, nicht panisch zu werden und darauf zu achten, dass das Kind sich beim Strampeln nicht verletzt. So hat man den Nachtschreck gut im Griff – und irgendwann verschwindet er dorthin, wo er herkam: ins Nichts.

76 __ Nasensauger

Weil Babys noch nicht schnäuzen können

Kaum gehörst du zur Spezies Eltern, werden dir die eigentümlichsten Dinge vorgeschlagen. Als hätte man dir im Krankenhaus unter der Geburt heimlich einen Zettel auf die Stirn getackert: »Ich habe jetzt ein Baby, gib mir superskurrile Tipps!« Zwiebelsäckchen auf schmerzende Ohren zu legen, ist ein kleines Beispiel. Für den Fall, das Baby würde die empfohlenen 60 Minuten stillhalten, hätte es danach nicht mehr nur Ohrenschmerzen, sondern würde zudem noch den Geruch einer Dönerbude verströmen. Das duftende, weiche, rosige Kleine! Aber helfen soll es eben doch.

Es geht aber noch wilder. Jedes Baby zeichnet sich durch zwei Dinge aus: Es hat, weil alles an ihm so winzig ist, auch eine winzige Nase. Und es wird in seinem ersten Lebensjahr früher oder später einen Schnupfen bekommen – das ganz normale Training der Immunabwehr. Die MUSS ihren Dienst nämlich antreten, auch wenn voll gestillt wird, ist kompletter Schutz von der Natur einfach nicht vorgesehen. So trifft Mini-Nase auf großen Schnodder. Ziemlich doofe Kombi, denn das Nasensekret ist zwar da, hat aber nicht den Raum, um sich nach draußen zu verziehen. Und das Allerfieseste: Babys können sich noch nicht schnäuzen. Also wird er irgendwoher kommen, der Ratschlag: Benutze einen Nasensauger!

Klingt erst mal nach Mini-Pumpe fürs Mini-Näschen, wird aber, jetzt ganz stark sein, auf den Staubsauger montiert. Auf den Staubsauger! Jedes Elternteil von Verstand wird das Teil natürlich erst mal an sich selbst ausprobieren, und tatsächlich kommt in der Nase gar nicht so viel Saugeffekt an – gerade eben genug, um das Baby von ein bisschen Schnupfen zu befreien. Und den Eltern so ein wenig mehr Schlaf zu ermöglichen. Denn auch mit der kleinsten Nase können Babys unfassbar laut schnarchen. Wer also mag, kann kurz saugen, statt lang dem Schnarchen zuzuhören. Sauger an, Augen zu!

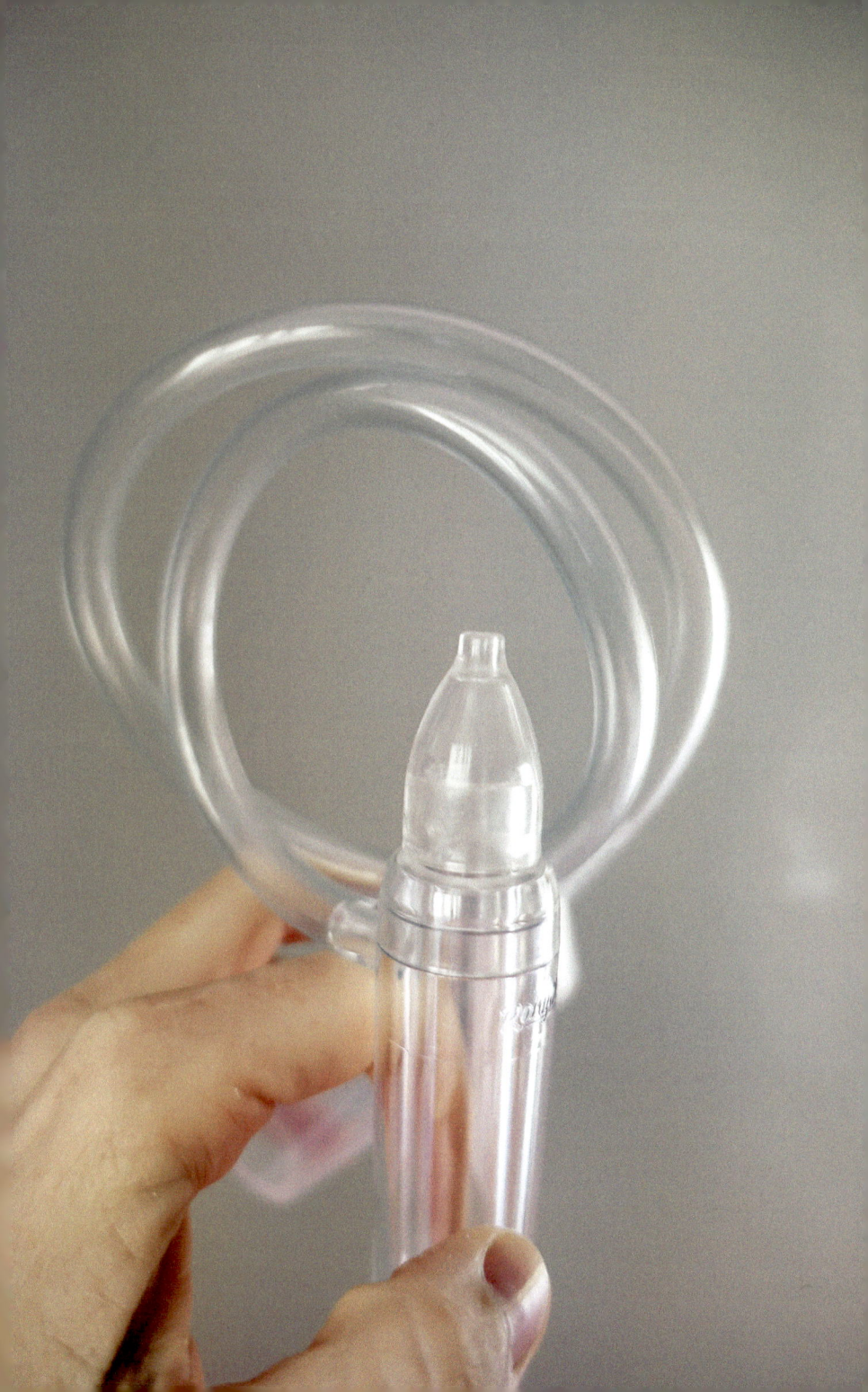

77___Öffentliche Toiletten

Sie sind plötzlich überall

Megacooler Meilenstein: Das Kind geht auf die Toilette! Keine Suche mehr nach Wickelkommoden, keine Feuchttücher und Windeln mehr packen, es ist plötzlich so unkompliziert! Nun ja, bis auf … Toiletten. Denn die treten jetzt an die Stelle von Windeln. Nie wirst du so viele öffentliche Klos kennenlernen wie mit Kleinkind!

Regel Nummer eins: kleines Kind, kleine Blase. Ex-Babys können einfach noch nicht lange einhalten, das ist anatomisch nicht möglich. Die Faustregel bei Kindern lautet: Das Alter in Jahren plus eins und dann mal 30 ist die durchschnittliche Urinmenge in Millilitern, die in der Blase gehalten werden kann. Bei einem Zweijährigen also 90 Milliliter. Noch so ein Normwert, den Mediziner errechnet haben: Im Mutterleib pieselt der Fötus etwa 30-mal pro Tag. Ein Neugeborenes bringt es noch auf zwölfmal pro Tag. Bei Kindern sind es anfangs so siebenmal. Und hier kommt nun Regel Nummer zwei: Das kann sich anfühlen wie 70-mal.

Denn sie müssen eigentlich nie zu Hause und nie, wenn man fragt. Sobald aber die Blase im Auto geschaukelt wird, man die Familienfeier erreicht hat, das Essen kommt oder man gerade den neuen Bikini anprobiert, dann müssen sie. Das kann zu tumultartigen, peinlichen, hektischen Situationen führen – und macht Eltern zu Detektiven verborgener Räume. Ein freundlich gebrülltes »Gibt es hier eine Toilette?« in Kombination mit einem sich windenden Kleinkind auf dem Arm wirkt Wunder und öffnet buchstäblich Türen. In der Drogerie, Bäckerei, auf dem Marktplatz oder beim Optiker: Die haben ALLE eine!

Ach ja, Regel Nummer drei: An einen Baum, hinter ein Auto oder in einen Blumenkübel zu lullern, ist allemal besser als in die Hose. Nennt man Zweckentfremdung. Trägt einem zwar manchmal böse Blicke (ausschließlich Kinderloser) ein, ist aber unumgehbar, Punkt. Wo eine Blase ist, da ist auch ein Weg.

78_ Pastinaken

Was Urgroßmutter noch kannte

Die Pastinaken haben eine wechselvolle Geschichte hinter sich. Noch zu Zeiten unserer Urgroßmütter kannte sie jeder. Dann gerieten sie jahrzehntelang in Vergessenheit – und nun sind sie wieder da. Trotzdem könnten bei einer Straßenumfrage wahrscheinlich die Hälfte der Leute nicht sagen, was das ist. Ein Volksstamm? Irgendwelche Tierchen? Oder doch eine Indie-Rockband aus Island? Alles falsch, es sind Wurzeln. Eine Gemüseart, die vom Feld über die Märkte der Großstadtviertel den Weg bis ins Babygläschen gefunden hat.

Das Aroma der weißen Knollen beschreiben Food-Pages im Internet als »leicht süßlich-nussigen Geschmack, der an eine Mischung aus Möhren und Knollensellerie erinnert«, nun ja: erinnert. In Wirklichkeit aber nur ganz entfernt. Denn im Grunde schmecken Pastinaken nach nichts, wenn man von einem Hauch Pappe und – mit viel Phantasie – ein bisschen Süße im Abgang absieht. Ihre Sämigkeit am Gaumen ist unangenehm dick, und nur eine gehörige Ladung Kräuter, Gewürze und Sättigungsbeilage kann ihre Anwesenheit auf einem Erwachsenenteller überhaupt plausibel machen. Genau deswegen haben Pastinaken die Avocado nie als It-Food abgelöst, und so weit wird es auch nicht kommen.

Aber als Baby-Essen hat sich die Pastinake gut positioniert. Mütter rund um Ottensen, Haidhausen und, ja, Prenzlauer Berg kochen die Pastinake, als wäre sie eine Delikatesse für kindliche Geschmacksnerven. In Wahrheit geht es aber gar nicht um den Geschmack. Die Pastinake hat sich mit etwas anderem in die Herzen der Köche gehebt. Der Grund ist einfach: Sie macht keine Flecken. Ihrer geschmacklichen Blässe steht kongenial die Farblosigkeit der Frucht zur Seite. Die ersten Essversuche der Babys, die mehr einem Massaker als einer Mahlzeit ähneln, gehen so spurlos an der Kleidung von Eltern und Kind vorüber. Wollte man die Pastinake als Verbrechen auf dem Teller bezeichnen, dann wäre es ein gut gemachtes: Es hinterlässt (nach dem Waschen) keine Spuren.

79_PEKiP

Teamsport für Anfänger

Wenn man Wikipedia glauben will, dann ist das Prager Eltern-Kind-Programm, kurz PEKiP, »ein Konzept für die Gruppenarbeit mit Eltern und ihren Kindern im ersten Lebensjahr, das im Rahmen einer Krabbelgruppe den Prozess des Zueinanderfindens unterstützen soll und auf eine Frühförderung der Babys sowie einen Erfahrungsaustausch der Eltern abzielt«. Klingt erst mal nicht so, als wollte man hingehen. Ein Konzept des Zueinanderfindens! Und dieser Name, der ein wenig nach 70er-Jahre-Sekte klingt! Und Frühförderung für Säuglinge, du lieber Himmel! Geht es schon im Alter von acht Wochen los mit dem »Fördern«? Nein, es ist alles ganz anders, denn PEKiP ist unwissenschaftlich ausgedrückt eine große spaßige Activity von Elternteil und Kind!

Die KursleiterInnen haben eine Menge guter Ideen für Spiele mit Babys, auf die man selbst nie käme. Und man sitzt in einer Runde aus Eltern und gleichaltrigen Kindern, das ist um einiges spaßiger, als das Mobile im heimischen Wohnzimmer über dem Nachwuchs kreisen zu lassen.

Tatsächlich ist was dran an der »Frühförderung«, denn oft merkt man in den Stunden, was das Baby schon alles kann. Gefördert wird also auf jeden Fall die Aufmerksamkeit fürs Baby. Dass die Kleinen dort bestimmte Anforderungen erfüllen müssen, ist *nicht* der Sinn. Vielmehr können sie alles um sich herum entdecken – inklusive Artgenossen. Babys lieben andere Babys! Ein frisch gelutschter Zeh des Lebewesens auf der benachbarten Matte gilt für Menschen in der Saugphase als echtes Tageshighlight!

Ein Wettbewerb innerhalb der Gruppe soll ausdrücklich nicht provoziert werden. Dafür sorgt die versierte Gruppenleitung, die allenfalls einen Hinweis gibt, wenn ihr ein Thema für den nächsten Kinderarztbesuch ins Auge sticht. So wächst oft eine bunte Truppe zusammen, die sich auch Jahre später noch trifft. Dann sind die Kleinen groß und an Zehen nicht mehr interessiert. Aber das ist ja auch gut so.

80 Perzentilen

Normale nach Zahlen

Ach, da ist es, das erste eigene Kind. Ist es nicht wunderschön, duftig, weich, einzigartig? Klar, versprochen, das ist und bleibt es! Aber nicht für die Statistik. So ein Baby lässt sich nämlich auch ganz nüchtern in Zahlen ausdrücken. Und es gibt auch eine Norm, der es entsprechen kann. Damit niemand den Überblick über das Zahlen(wunder-)werk verliert, gibt es im U-Heft die Perzentilen.

Das sind Linien in einem Koordinatensystem, in das die Werte des neuen Erdenbürgers eingetragen werden: Länge, Gewicht, Kopfumfang. Durch die Mitte läuft der Durchschnitt, oben und unten begrenzen der untere und obere Normbereich die Zahlen. Aufgabe des Musterbabys ist es aber nicht, genau die Mitte zu treffen. In Wirklichkeit trifft die ja fast niemand. Nur ein Anhaltspunkt sollen all die Werte sein: Das Gewicht liegt innerhalb der drei Linien, Größe und Schädelumfang auch? Dann ist alles im Lack mit dem Neuling der Familie. Zur Erklärung: Liegt die Körpergröße eines sechs Monate alten Kindes auf der zehnten Perzentile, bedeutet das, dass 90 Prozent der Kinder seines Alters und Geschlechts größer sind und zehn Prozent kleiner. Also nur, dass das Kleine gerade nicht zu den Größten seiner Hood gehört.

Anderer Fall: Der kleine Wonneproppen sprengt alle Werte, toppt in Gewicht und Größe nach wenigen Wochen den drei Jahre älteren Bruder? Dann ist das erst mal nur eins: nicht durchschnittlich. Die Bewertung des Geschehens wird eine Kinderärztin übernehmen und dann aufklären, ob etwas zu tun ist. Wenn überhaupt etwas unternommen werden muss. Manchmal können Ausreißer der Maße nach oben oder unten ganz harmlos sein – verwächst sich irgendwann. Manchmal zeigt sich aber eine Krankheit durch so eine Anomalie. Fazit: Die Kurven sollen weder Druck noch Angst machen, sondern sind ein super Werkzeug, die Entwicklung eines Kindes bestmöglich einzuordnen und zu kontrollieren – sozusagen auf ganzer Linie.

81 Playdates
Vier gewinnt – vielleicht

»Playdate« ist das amerikanische Wort für Spielverabredung und klingt einfach cooler. Klar könnten wir das auch Spielverabredung nennen, aber dann bekommt es so eine komische Analogie zu Verordnung oder Begrenzung, viel zu förmlich, denn Playdates sollen ja Spaß machen!

Das ist nicht immer garantiert. Wenn es richtig gut läuft, will das Kind sich mit einem niedlichen anderen Kind verabreden, das tolle Tischmanieren und Spielideen hat. Seine Eltern sind irre sympathisch, und so sitzen Kids und Elternteile ein paar Stunden entspannt zusammen. Hinterher sind alle ausgeruht, und die Wohnung ist in tadellosem Zustand. Vielleicht verlängert man den Abend noch um ein Glas Sekt unter den Großen. Bingo!

Manchmal läuft es aber nicht so gut. Dann verabredet sich das Kind mit einem unbeherrschbaren Rabauken, der Flecken, Risse und Überschwemmungen verursacht (wer beaufsichtigt schon seinen Gartenschlauch?). Und die mitgelieferte Erziehungsperson ist erstens desinteressiert am Wüten ihres Nachwuchses und zweitens ungefähr so sympathisch wie der Gerichtsvollzieher mit einem Stapel Kuckucke in der Hand. Die einzige Person, die sich in all der Ödnis königlich amüsiert, ist das eigene Kind, denn die Großen kriegt es nicht mit, und das Rabaukenkind findet es anbetungswürdig cool. »Mami, guck, wir haben Holzhacken gespielt!« – dem Jubel will man gar nicht nachgehen.

Kann man vorbeugen? Kaum, die Liebe fällt auch bei Freunden dahin, wo sie eben landet. Nur wegen der netten Eltern das Kind zu verabreden, wird nicht klappen, außerdem ist so eine Form von Autorität auch nicht mehr zeitgemäß. Wo soll das enden – bei der Auswahl der Ehepartner? Aber die Bude muss sich trotzdem niemand verwüsten lassen, wenn das Besuchskind unbedingt einen auf Besoffener-Rockstar-zerlegt-Hotelzimmer machen will, dann bitte auf dem Bauspielplatz oder im Wald. Problem gelöst!

82 Pixi-Bücher

Quadratisch, praktisch, heiß geliebt

1954 kommt das erste mit dem Titel »Miezekatze«. Deutschland wird mit dem Wunder von Bern Fußballweltmeister, in Duisburg werden die ersten Parkuhren aufgestellt, und das Wohnungsbauprämiengesetz tritt in Kraft. Seitdem sind über 65 Jahre vergangen. Deutschlands Fußballruhm ist angekratzt, Parkuhren sind abgeschafft, der Wohnungsbau in der Krise – aber Pixi-Bücher werden immer noch heiß geliebt.

Zehn mal zehn Zentimeter messen sie, bringen gerade mal 20 Gramm auf die Briefwaage und passen damit auch in kleinste Hände. Ihr Format hat die Jahrzehnte überdauert, die Storys sind mit der Zeit gegangen. Wobei: Auch die Klassiker gibt es noch. Ist ja klar, bei weit über 2.000 verschiedenen Titeln: Märchen, Biblisches, Zeitgeschichte und Sachorientiertes – alles findet seinen Platz.

Jedes einzelne der Bücher erreicht eine Auflage von mindestens (!) 80.000 Exemplaren. Zum Vergleich: Um auf der Spiegel-Bestsellerliste zu landen, reicht nach Branchenschätzungen ein Viertel! Dennoch gab es im Lauf der Jahre ein paar Neuheiten. So gibt es heute auch »Maxi Pixi«-Bücher, deren Format, klar, größer ist. Dazu die »Pixi Wissen«-Reihe für Grundschüler und »Baby Pixi«. Ziemlich sinnig sind auch »Pixi kreativ«-Bücher zum Ausmalen und Rätseln, gar nicht so übel, wenn man in der Öffentlichkeit sitzt, wo es unpassend wäre vorzulesen.

Übrigens: Sosehr sie kleine Leser anziehen, vom Spekulanten-Ansturm auf Auktionsplattformen blieben Pixi-Bücher weitgehend unberührt, selbst eine Erstausgabe der Nummer 2 von 1954 erreicht derzeit einen Preis von unter fünf Euro. Sicher, verglichen mit 50 Pfennig ist das das 20-Fache – aber mal von solchem Profitstreben abgesehen, war die Investition ja auch beim Kauf fürs Kind schon gut. Erschwinglicher Lesespaß wirklich für alle – das große Verdienst der kleinen Bücher.

83__Post ans Kind

Gruß aus der Vergangenheit

Wenn man Kinder hat, kommen zwei Dinge zusammen, die das Leben etwas unromantisch machen: Man hat weniger Zeit. Und man ist oft sehr müde. Deswegen kann es schon vorkommen, dass das »Mein erstes Jahr«-Buch irgendwann in der Ecke verstaubt, die Fotos nie eingeklebt werden und diese eine liebenswerte Erinnerung, die man unbedingt aufschreiben wollte – schwups! –, einfach weg ist. Dagegen helfen, verblüffend einfach, E-Mails!

Denn Zeit für ein paar Zeilen und ein schnell angehängtes Handyfoto ist eigentlich immer da. Besonders fit muss man dafür auch nicht sein. Der ganze Trick geht so: Du richtest dem Baby zur Geburt – oder schon während der Schwangerschaft – ein E-Mail-Konto ein, das jetzt dein News-Archiv ist. Wann immer du einen Gedanken, ein Zitat oder einen Schnappschuss hast, gleich als E-Mail weg damit. Dann muss man nichts im Kopf behalten, nichts aufschreiben, nichts ausdrucken und abheften.

Trotzdem wächst ein liebenswertes Archiv, aus dem sich irgendwann ein ganzes Leben ablesen lässt – oder jedenfalls das, was du für dein Kind darin speicherst. Extra-Feature: Gib die Adresse auch dem anderen Elternteil, den Großeltern oder erwachsenen (Halb-) Geschwistern, auch sie können an der bunten digitalen Chronik mitschreiben. Hilft übrigens auch ungemein beim Ausmisten. Das Bobby-Car, das er oder sie so mochte? Letztes Foto mit viel zu großem Kind drauf, schon fällt das Weggeben leicht!

Wann diese Post dein Kind schließlich erreicht, entscheidest du. Der achtzehnte Geburtstag? Oder wenn es selbst ein Kind bekommt? Möglich ist alles. Nur die Löscheinstellungen des Providers muss man vorher einmal bearbeiten: damit alles bleibt, wo man es hingeschickt hat.

Übrigens verwenden manche Eltern genauso Instagram. Mit einem nichtöffentlichen Konto, das niemand sehen kann. Foto rein, ein paar liebevolle Texte dazu, und niemand außer dir selbst kennt diesen Schatz.

84_Pubertiere

Plötzlich werden die Eltern seltsam

Gerade noch passten die weichen Füßchen deiner Kinder in deine Hand. Doch kaum dreht man sich kurz um, zack!, sind die Hormone da, und man erkennt sie hinter ihrem Pony oder ihrer Kapuze kaum wieder. Sie sprechen wenig, und wenn, dann sind es kurze Anmerkungen über die Peinlichkeit ihres Daseins. Die Quelle ihrer Scham aber bist DU. Wenn Eltern komisch werden, dann ist das die Pubertät.

Sie fängt so mit zehn Jahren an – Forscher vermuten, dass unsere gute Ernährung der Auslöser dafür ist, dass das früher geschieht als noch vor wenigen Jahrzehnten. Bis dahin warst du alles für sie. Du warst Google und Wikipedia auf Beinen. Mal das Taschentuch, und, ja, auch der Mülleimer. Aber auch Kuscheltier, sicherer Hafen und Heimat. Vergiss das alles: Hormone fluten jetzt dein Ex-Baby und sorgen dafür, dass es sich erst sehr verändert und dann erwachsen wird.

Die Folgen sind ebenso krass wie unterschiedlich. Kurz gesagt, verändert sich das Gehirn, was die emotionale Regulation erschwert. Dazu kommen intime körperliche Veränderungen: Schamhaar, Sexualität, Schweißgeruch. Das macht nicht unbedingt fröhlicher. Freunde werden wichtiger, Alkohol und Drogen (auf die das jugendliche Gehirn auch noch superempfindlich reagiert!) scheinen plötzlich attraktiv. Kurz: Der Nachwuchs verändert sich und reißt die Beziehung zu den Eltern gleich mit in den Mahlstrom.

Das kann alles ganz okay ablaufen, aber auch zur kräftezehrenden Belastungsprobe werden. Patentrezepte liefern nicht mal Pädagogik-Gurus. Im Prinzip gilt aber das Gleiche wie bei all den schwierigen Phasen zuvor: Liebe. Da sein, auch wenn man zurückgestoßen wird. Eltern sind die Erwachsenen, die den Überblick behalten sollten. Angemessenheit und Gelassenheit sind gute Kumpane in dieser Zeit. Bald sind die Kleinen groß. Und egal, wie schwer es war, ihnen zur Seite zu stehen: Das war es wert!

Extra-Tipp Jan Weilers Buch »Das Pubertier« wird von Eltern wie Heranwachsenden geliebt. Ein literarischer Knaller und Bestseller, der hilft. Empfehlung!

85 _ Pucken
Feste Bindung

Beim Pucken wird das Baby (meist das Neugeborene) mit einem Tuch so eingewickelt, dass es Arme und Beine nicht mehr wild bewegen kann. Unterdrückt wird damit zum Beispiel der Moro-Reflex, durch den die Kleinen häufig aufwachen. Der Gedanke hinter dem Einwickeln: dem Baby einen ruhigeren Schlaf zu ermöglichen und es mit den neuen, ungewohnten Bewegungsmöglichkeiten nicht zu überfordern – schließlich war es in der Gebärmutter zuletzt ja auch sehr eng eingepackt.

Tatsächlich geben Studien der Methode in einem Punkt recht: Gepuckte Babys schlafen wirklich länger. Aber Kritiker haben ebenfalls Studien gemacht und kamen zu einigen negativen Folgen. Der Berufsverband der Kinder- und Jugendärzte warnte vor einigen Jahren dann auch vor dem Pucken und riet klar davon ab. Denn wird ein Baby lange und regelmäßig gepuckt, kann es die Beine nicht in die wichtige Anhock-Spreiz-Position bringen, die für die Entwicklung der Hüfte so wichtig ist. Wer zu fest puckt, kann sogar Nerven abklemmen und die Atmung des Säuglings erschweren. Häufig gepuckt abgelegt, kann das Baby auch einen flachen Hinterkopf davontragen. Im Sommer oder bei Fieber droht zudem Überhitzung.

Befürworter wandten aber ein: All diese Kritikpunkte bezögen sich nur aufs falsche Pucken. Wie man es korrekt macht? Nur im Liegen, nur in der Armregion fester und Beinfreiheit gewähren – und nur zum Schlafen. Tagsüber sind Tragehilfen das Richtige für die Hüftgesundheit. Schon mit vier, fünf Monaten sollte das Baby gar nicht mehr gepuckt werden.

Es ist also mit dem Pucken wie mit so vielem bei Babys: Wenn die Hebamme oder Ärztin ihr Go gibt und es nicht übertrieben wird, kann es helfen. Im Zweifel wird das Baby auch mitteilen, ob es das gepuckte Einschlafen mag: durch Schlummern oder Weinen. Expertenwissen aus erster Hand!

86 Quetschies

Druck drauf

Es könnte so schön sein. Quetschies sind immerhin eine gute Erfindung. Obstbrei, den schon Kleine in der Hand halten und ähnlich wie ein Getränk aus dem Beutel saugen können: cool! Niemand muss anhalten, um zu füttern. Der Snack ist easy in der Tasche verstaut. Die Kleinen können selbst essen. Und gesund ist das auch noch! Oder?

Leider nicht so recht. Denn erstens ist vielen Beuteln Vitamin C zugesetzt, das macht haltbar und ist gutes Marketing, weil: Vitamine ziehen immer. Da die Kleinen den Brei aber nicht löffeln, sondern saugen, hat der viel Zeit, ihre Zähnchen anzugreifen. Und dann wirkt Ascorbinsäure nicht positiv, sondern negativ. Kurz: Je Quetschie, desto Kariesgefahr!

Aber das ist nicht der einzige Nachteil der Beutelchen, die sich in den vergangenen Jahren vermehrt haben wie Ameisen im Wald. Denn in Wirklichkeit sind sie nicht so gesund, wie wir gern glauben möchten. Oft enthalten sie Keksstücke, aber auch wenn »nur« Obst drin ist, kommt es in Form von Fruchtsaftkonzentrat und Fruchtmark. Das erhöht den Gehalt an Fruchtzucker enorm! Und auch wenn der »natürlich« ist: Zucker bleibt Zucker. So ein Obstbeutel ist oft genug eine getarnte Süßigkeit. Dazu kommt schließlich die Pasteurisierung, um das Obst im Beutel haltbar zu machen, die den Vitamingehalt der Früchte vermindert. Experten etwa von Verbraucherzentralen sagen deswegen klipp und klar: Ein Quetschie ist kein Ersatz für ein Stück Obst. Eher für eine Handvoll Gummibärchen.

Und dann bleibt da nach dem Essen noch eine andere Problematik, die man heutzutage wirklich nicht mehr ausblenden kann: der Müll. Die Bananenschale und das Apfelgerippe verrotten. Ein leerer Plastikbeutel dagegen zersetzt sich in Jahrhunderten nicht. Die Generation, die jetzt eine Minute ihren Hunger mit ihnen stillt, bekommt im Tausch nicht nur den kurzen Genuss, sondern auch Müllberge hinterlassen.

87 Rucksack

Trendy unterwegs

Irgendwann musste es passieren. Und die Fashionindustrie entdeckte in der Tat überall Trendteile, wo vorher nur nüchterner Pragmatismus geherrscht hatte. Brillen und Halstücher zum Beispiel gab es früher nicht von jedem Brand, aber sie eroberten einen wichtigen Rang im Outfit. Und dann kamen die Rucksäcke. Irgendwie schafften sie es vom belächelten Citytrip-Accessoire modefauler Touristen zum It-Piece. Klar, dass besonders Eltern und Kinder da echte Kenner sind.

Denn dass der Rucksack seinen jahrzehntelangen modischen Tod überhaupt überlebt hat, verdankt er seiner umwerfenden Cleverness. Raver entdeckten ihn in den 90er Jahren als Mini-Accessoire, weil man mit ihm die Nächte durchtanzen konnte. Und die Hände frei zu haben, ist für Eltern nun mal genauso wichtig wie für Raver. Also kam der Rucksack zurück in die kinderreichen Stadtviertel und Dörfer. Diesmal eckig und klobig – in Groß für die Eltern und in Klein für ihre Minis. Oft gibt es im Leben eines Paares eine Art Entwicklungsgeschichte von Taschen im weitesten Sinne: Erst ist da die Designer-Handtasche. Dann kommt die Wickeltasche. Und dann der Rucksack. In den 10er-Jahren war es vor allem der schwedische Fjällräven, dann rückte die kanadische Marke Herschel nach, gleich gefolgt vom US-amerikanischen Surfausstatter Dakine.

Man mag es nicht glauben, aber alle großen Printprodukte arbeiteten sich an dem Trend ab, nur zu gern auch abwertend. Der Tenor: Ein viereckiger Behälter auf dem Rücken sei nie besonders hübsch. Außerdem seien Rucksäcke Sportlern oder Kindern vorbehalten. Aber das ist natürlich alles Quatsch. Denn erstens sind die Teile sehr wohl stylish. Und sie passen so gut zu einem bewegten Lifestyle mit Kindern, wie keine Schultertasche es je könnte. Wer loslässt, hat die Hände frei. Also weg mit den Vorbehalten und rauf auf den Rücken mit so einem Teil!

88__Schlafmangel

Zzzzzzzzz …

Babys trinken und weinen häufiger in der Nacht als am Tag – und einen Rhythmus haben sie auch noch nicht. Die Folge: Die meisten Eltern kriegen im ersten Jahr mit Kind viel weniger Schlaf – auf 44 Tage Differenz kamen rechenfreudige Forscher. Über 1.000 Stunden tauschen Eltern: Schlaf gegen die Versorgung des Nachwuchses. Frauen trifft es noch etwas ärger als Männer, fanden die Wissenschaftler zudem heraus. Die Folgen sind krass.

Nicht umsonst wird Schlafentzug als Foltermethode eingesetzt. Der Mangel an Erholung macht zornig und traurig, verzweifelt und hilflos. In den schlimmsten Phasen kann jeder Griff im Haushalt wie ein Kraftakt wirken, und sich jeder Spielplatzbesuch mit älteren Geschwistern des Babys wie ein Marathon anfühlen. Die aus der Erschöpfung resultierenden Stimmungsschwankungen sind auch nicht zu unterschätzen. Dann fehlt die Kraft fürs ältere Kind, Verständnis für den Partner ist ratzfatz aufgebraucht, und wer zu Traurigkeit neigt, ist im ersten Jahr mit Baby akut gefährdet.

Dazu kommt, dass die Leistung des Gehirns nachlässt. Wer nur vier Stunden Schlaf hatte in einer (!) Nacht, verhält sich wie nach vier Gläsern Bier. Und damit ist nicht gemeint, dass man plötzlich witziger ist, sondern dass man bescheidener Auto fährt. Also nicht wundern, wenn man mit Baby auf dem Rücksitz plötzlich mal einen Pfosten übersieht oder zu knapp aus der Parklücke rausknirscht: Das übermüdete Gehirn ist schuld. So entwickelt sich aus kleinem Mist manchmal großer Mist. Nur wer ein besonders schlaffreudiges (und damit ungewöhnliches) Baby hat, kommt um das Gröbste herum.

Nach etwa einem Jahr wird es besser. Dann gibt es sogar richtig gute Nachrichten: Eltern leben nämlich deutlich gesünder als Kinderlose. Deswegen sind sie seltener krank und, auch wenn man das am Anfang kaum glauben mag, fitter. Nach der Müdigkeit ist vor der Fitness? Hurra!

89 Schreibabys
Alle am verzweifeln

Babys weinen viel. Und das ist durchaus logisch, denn erstens können sie Stress noch nicht anders verarbeiten, und zweitens haben sie viel zu bewältigen. Der Darm nimmt seine Tätigkeit auf, was zwicken kann. Sie wachsen. Und ihr Gehirn lernt in jeder Sekunde etwas dazu. Und das Schlafen: gar nicht so leicht, am Ende des Tages loszulassen. Nicht vergessen darf man auch, dass die Kleinen eine Geburt hinter sich haben. Das kann nachwirken. Da kommen schon mal zwei, drei Stunden zusammen, in denen das Baby weint. Bei Schreibabys sind es noch mehr. Eltern sind damit einer Extrembelastung ausgesetzt.

Zur »Diagnose« reicht die Dreierregel: Über drei Wochen mehr als drei Stunden an drei Tagen der Woche schreien. Das ist unvorstellbar hart für die Erwachsenen, denn die Natur hat es so eingerichtet, dass wir auf Babyweinen sensibel reagieren. So stellen sich schnell Erschöpfung, Verzweiflung und Selbstzweifel ein: »Mache ich was falsch, übersehe ich etwas, warum kann ich mein Baby nicht beruhigen?«, lauten die Fragen. Oft sind Gruppenkurse wie PEKiP und Rückbildung kaum möglich, oder von überallher hagelt es Kritik, was die Eltern zusätzlich isolieren kann.

DIE Lösung gibt es nicht. Aber man kann Auswege aus der Extrembelastung suchen. Der erste Schritt: nicht zu lange warten! Kinderärztin und Hebamme können organischen Ursachen auf den Grund gehen. Großeltern, Tanten, Onkel, Wechsel zwischen den Partnern: Wann immer ein Erwachsener Kraft tanken kann, sollte er das tun. Manchen Babys hilft Wärme, andere beruhigt es, wie im Mutterleib an Kopf und Füßen begrenzt zu werden (Kissen!). Körperkontakt, ruhige Tage mit festen Strukturen werden empfohlen. Am wichtigsten aber: Bevor man das Baby schüttelt, den Schauplatz verlassen! Sich beruhigen! Und sich ins Gedächtnis rufen, dass das Baby nicht schuld ist und die Eltern nichts falsch machen. Bald! Wird! Alles! Gut! Versprochen!

90___Die Schübe
Plötzlich mehr

Okay, »Schübe« gibt es natürlich gar nicht. Ein Baby entwickelt nicht wie von Zauberhand über Nacht eine neue Fähigkeit oder wächst – Booom! – aus seinen Klamotten raus. Aber so fühlt es sich eben an! Da werkeln Babys Gehirn und Zunge wochenlang am ersten Wort. Dann schlägt es eines Tages die Augen auf, blickt dich an und sagt »Mama«! Tränenmeer, ist das süß, was für ein Schub!

Ist ja auch Hammer. Ereignete sich im Grunde aber nach langer Vorbereitung. Genauso verhält es sich mit der körperlichen Größe. Ärzte haben das mikrometergenau nachgemessen. Das Ergebnis ist: Ja, Babys wachsen manchmal stärker. Aber in vollkommen unregelmäßigen Abständen und jedes Kind anders. Festgelegte Schübe in bestimmten Wochen, wie manche Ratgeber sie beschreiben, gibt es nicht. Das ist eine gute Nachricht! Denn wer glaubt, ein Kind müsse mit zehn Monaten erste Gehversuche starten, setzt sich damit vielleicht unter Druck. Wer aber weiß, dass auch 14 und mehr Monate vollkommen normal sind, kann der Entwicklung gelassen zugucken. Das Resultat ist das gleiche, nur waren auf dem Weg alle entspannter.

»Schübe« sind also nicht mehr als Anhaltspunkte – zur üblichen Reihenfolge der Entwicklungsschritte und dazu, was bei dem Baby oder Kind gerade so los ist. Erst Stimmtraining, dann Greifen, ab Woche 19 das Zahnen. Ab Woche 37 fängt das Kleine vielleicht an zu krabbeln, und ab Woche 46 setzt es sich auch. Nur neun Wochen später steht Gehen auf seiner Bucket List, ganz grob jedenfalls.

Stell dir vor, du kennst die Welt wochenlang im Liegen und auf Mamis und Papis Bauch, da ermöglichen dir Gehirn und Muskeln plötzlich, dich zu rollen und aufzustützen? Das ist auch Stress! Und genau deswegen kann es sein, dass ein Baby erst mal unruhiger wird, schlechter schläft und mehr weint oder Nähe sucht. Das also ist »Schub«: eine Erklärung, die hilft, das zu verstehen.

120

4

110

100

19.12.17 – 3 JAHRE

90

3

91 Der Shitstorm

Verbaler Flashmob

Ein nicer Instagram-Auftritt, ein Blog oder eine Kolumne in den alten Medien: alles gute Ideen! Schließlich will man seine Freude übers Familienleben ja teilen, wenn man gerade Eltern geworden ist. Aber Vorsicht vor dem Shitstorm!

Beispiele aus der Welt der Promis und Blogger gefällig? Gern: Da beschließt die eine, nicht zu stillen. Die zweite besucht ein Delphin-Aquarium mit ihrer Tochter. Die dritte benutzt schwanger eine Mikrowelle. Die vierte findet, die Bundesjugendspiele müssten abgeschafft werden. Da gibt es die Mutter, die nach drei Monaten wieder als Bikinimodel arbeitet. Eine, die ihre zwei Kids langzeitstillt, und eine, die ihrem Kleinkind den Undercut blau tönt. Eine, die ihren Wunschkaiserschnitt vermeldet. Sehr unterschiedliche Dinge, alles Anlässe, um beim Drink mit Freunden Meinungen darüber auszutauschen.

Aber was macht die Netzgemeinde? Sie scrollt nicht weiter, sie schnappt sich keinen Besen, um vor der eigenen Tür mal richtig blitzblank zu kehren, und am Austausch von Meinungen sind auch nicht alle interessiert. Stattdessen wird losgelegt: Hass, Beschimpfungen, Belehrungen, und das tausendfach – so sahen und sehen die Reaktionen aus, wenn man als (semi)öffentliche Person (vermeintlich) danebengreift. Das Attribut der »schlechten Mutter«, die »nur an sich selbst denkt« oder »für Klicks alles tun würde«, ist da schnell vergeben und noch eine der harmloseren Zuschreibungen. Und was kann man dagegen tun? Als Betroffene kann man natürlich schweigen. Oder Kommentare hinterlassen, die den eigenen Standpunkt erklären. Löschen kann auch eine Lösung sein, wenn man schnell die Bremse ziehen will. Klar ist aber auch: Ein Kind braucht Hilfe, wenn es in Gefahr ist, körperlichen oder seelischen Schaden zu nehmen. Unsere subjektive Meinung über Haarschnitt, Stilldauer und Freizeitgestaltung braucht es eher nicht. Schweigen ist besser als Teil eines Shitstorms zu sein.

92 SIDS

Vorbeugen, vorbeugen, vorbeugen!

Die Zeit mit Baby hat einen unfassbaren Zauber, von dem noch Hundertjährige schwärmen, deren Nachkommen längst selbst Rentner sind. Diese Dauerverliebtheit, weiche Haut überall – wenn es solche Gefühle auf Droge gäbe: Die Welt wäre verloren. Nur eine Angst schiebt sich für viele Eltern oft vor den Glückstaumel, die vor dem plötzlichen Kindstod.

Nach seiner englischen Bezeichnung *Sudden Infant Death Syndrome* wird er mit SIDS abgekürzt. Dabei handelt es sich nicht um eine Krankheit, nicht um Ersticken, und auch gründlichste Nachforschungen und Obduktionen können bei Eintreten des SIDS keine Ursache feststellen. Aber Ärzte und Wissenschaftler sind so was von hinterher, dem SIDS auf die Schliche zu kommen! Mit riesigen Erfolgen übrigens. Und darin steckt auch schon große Beruhigung. Ein Vergleich: Im Jahr 1991 kamen auf jeweils 1.000 Lebendgeburten bei den Jungen 1,8 Fälle, bei den Mädchen 1,3. 2013 waren es für beide Geschlechter noch 0,2. Auf gut Deutsch: Eins von 5.000 Babys wird Opfer des plötzlichen Kindstodes. Jedes ist eine Tragödie! Aber auch wenn die Ursache noch nicht herausgefunden wurde: Risikofaktoren stehen fest, und die kann man minimieren.

An allererster Stelle steht das Rauchen: natürlich während der Schwangerschaft, aber auch danach muss es tabu sein. Nichtrauchen schützt das Baby. Dazu kommt die klare Empfehlung, Babys auf dem Rücken schlafen zu legen, nicht auf dem Bauch. Nummer drei: Ein Baby sollte nicht mit Decke schlafen, sondern in einem Schlafsack. Und zwar in einem, der passt und nachts nicht auf die Atemwege rutschen kann. Zudem darf es dem Baby nicht zu heiß sein – und das Elternbett wird auch nicht als Schlafort empfohlen. Sehr wohl aber das Elternschlafzimmer! Kissen, Stofftiere, Kuscheldecken, ja, aber bitte nicht in Babys Nähe. So ist statistisch die sicherste Umgebung für gesunden Babyschlaf gewählt.

93_ Sophie, die Giraffe

Ein französischer Klassiker

Seit rund 60 Jahren bekommen die meisten Babys in Frankreich eine kleine Giraffe als Geburtsgeschenk. Und längst ist der Trend auch zu uns geschwappt! So ab einem Alter von drei Monaten können Babys auf dem Tier herumkauen und -lutschen. »Sophie« hat der Hersteller Vulli das Tier genannt, und es ist längst ein Klassiker – wie Autos von Citroën, Wein aus dem Bordeaux oder Filme von Louis de Funès.

Pluspunkt Nummer eins: Die Giraffe ist aus Naturkautschuk, also komplett aus nachwachsendem Rohstoff und biologisch abbaubar – gleich zwei Attribute, die nicht allzu viele Spielzeuge mit Sophie gemeinsam haben. Schon Babys können Sophie super greifen, dafür sind der XXL-Hals und die Beinchen ja lang genug. Und dann ist sie für das gemacht, was zahnende Mini-Menschen am liebsten tun: lutschen, saugen, nagen. Ihre Bemalung wird mit Lebensmittelfarbe aufgebracht, es ist also kein Problem, wenn sie verblasst. Natürlich punktet Sophie daneben mit ihrer Schönheit: schwarze Knopfaugen, rosige Wangen und ein Lächeln wie vom Baby selbst. Deswegen wird sie gern verschenkt und ist Jahr für Jahr beliebter geworden.

Einmal geriet die kleine Giraffe in einen Social-Media-Storm, der noch heute bei jeder oberflächlichen Google-Suche aufploppt: Eine besorgte Mutter hatte im Jahr 2017 muffigen Geruch in der Giraffe festgestellt und sie einmal längs halbiert. Der Fund: ein Schimmelbelag im Inneren. Viele Eltern taten es ihr gleich – und eine Handvoll fand Vergleichbares. Der Hersteller konnte das Geheimnis allerdings sofort lüften, denn die Giraffe quietscht und hat zum Luftaustausch ein Loch unten in den Kautschukhufen. Deswegen darf sie eben nicht als Badespielzeug verwendet werden. Wer Sophie also von Wanne, Wasch- und Spülmaschine fernhält, ist nicht nur Neu-Elternteil, sondern auch ein erstklassiger Giraffenpfleger. Coole Zusatzqualifikation!

94_SSW

40 Wochen voller Highlights

Diese 40 Wochen stecken voller Einmaligkeiten! Lust auf ein paar davon? Los geht's: Der Schwangerschaftstest ist ab der fünften Woche aussagekräftig. Der Embryo ist dann klein wie ein Apfelkern! In SSW 8 kommt die erste echte Vorsorgeuntersuchung, danach findet sie alle vier Wochen statt. Zwischen der neunten und zwölften Woche gibt es den ersten Ultraschall, und ihr werdet euer Baby sehen – ein unvergleichlicher Gänsehautmoment! Mit der 13. Woche ist der kritische dritte Monat vorüber, und man sollte seinen Arbeitgeber informieren. Nur zwei Wochen später kann man entdecken, ob ein Junge oder Mädchen heranwächst – wenn er oder sie sich denn zeigt. Langsam muss Mama über Maternity Wear nachdenken. Ein Geburtsvorbereitungskurs sollte jetzt her, und wer mag, sucht auch schon nach Rückbildung und PEKiP für die Zeit mit Baby.

Die 20. Woche ist Halbzeit! Viele Schwangere spüren jetzt erstes Wischen und Klopfen des Babys. So ab der 27. Woche, kurz vor der sechsten Untersuchung, kann man die Geburt planen. In SSW 29 steht der dritte Ultraschall an: Wow, ein echtes Baby! Wenig später sollte man die Kliniktasche packen. Und Woche 32 ist ein großer Meilenstein: Frühchen haben jetzt sehr gute Überlebenschancen. Mit Woche 35 beginnt der Mutterschutz. Nestbau! Ab SSW 36 gibt es den Check bei der Ärztin wöchentlich, Senkwehen kündigen die bevorstehende Reise an. Keine Angst vor der Angst: die gehört dazu. Die Lungenreifung beim Baby ist jetzt abgeschlossen, die meisten haben sich gedreht – aber das kann auch später geschehen. Die werdende Mama wiegt am Ende im Schnitt bis zu 15 Kilo mehr, und das führt dazu, dass die Geburt allmählich herbeigesehnt wird. Tausche Sodbrennen und Schlaflosigkeit gegen süßes Baby! Blasensprung, Wehen oder manchmal Erbrechen: Die meisten Bauchbewohner machen sich nun auf den Weg. Das Wunder der Schwangerschaft ist vorbei – und das noch größere Wunder Baby da.

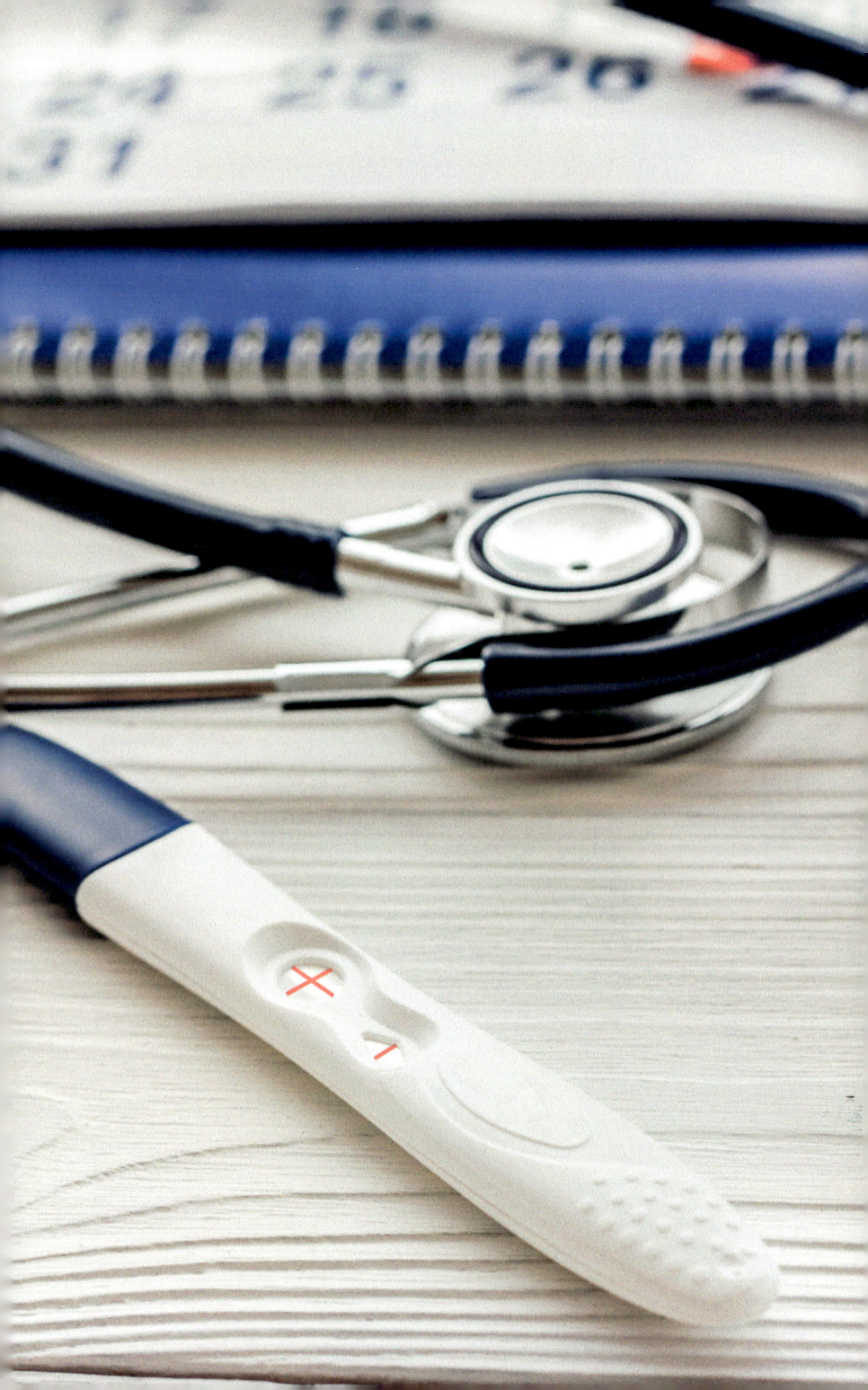

95_ Sternengucker

Hallo, da oben!

Nur fünf von 100 Babys kommen mit dem Kopf zuletzt zur Welt. Sie starten ins Leben mit dem Popo zuerst – oder gelegentlich mit den Füßen. Nennt sich Beckenendlage und ist für viele ein Grund, den Kaiserschnitt zu wählen. Die überwältigende Mehrheit der Babys wählt aber den Weg mit dem Kopf nach unten. Unter ihnen gibt es ein paar, die das dennoch auf sehr, sehr ungewöhnliche Art tun: mit dem Gesicht in Richtung Bauch der Mutter. Sie hat der Volksmund »Sternengucker« getauft.

Das klingt so süß und romantisch, und viele Menschen verbinden einen Aberglauben mit Babys, die so in die Welt gleiten: Sie werden etwas Besonderes und auffällig clever, heißt es dann. Das ist nicht empirisch belegt, aber total süß – und tröstet vielleicht ein bisschen darüber hinweg, dass diese Babys es bei ihrem Weg hinaus nicht ganz so einfach hatten wie die anderen. Tatsächlich könnte man ja meinen, es wäre egal, wo das Kleine hinguckt, Hauptsache Kopf voran, aber es ist nicht das Gleiche. Blickt das Baby in Richtung Wirbelsäule der Mutter, ist der Austrittswinkel seines Köpfchens ideal für den Weg aus dem Geburtskanal. Blickt es nach oben, dann ist der Winkel ins Becken ungünstiger, und es kommt schlicht nicht so gut durch. Die Folge: Statistisch muss häufiger zu Zange oder Saugglocke gegriffen werden. Eigentlich sind solche Errungenschaften ja ein Grund zur Freude, die Alternative noch vor einem Jahrhundert wäre im schlimmsten Fall der Tod von Mutter und Kind bei Geburtsstillstand gewesen. Aber für die Mama, die das erlebt, ist eine Geburt mit diesen Hilfsmitteln oft erst mal ziemlich erschreckend.

Nun, eines soll bei aller Statistik und allen Gerätschaften nicht unerwähnt bleiben: Ist das Baby nicht so schwer und spielt das Glück ein wenig mit, dann kann auch die Geburt eines Sternenguckers ohne weitere Komplikationen gelingen. Und danach ist die Freude: himmlisch!

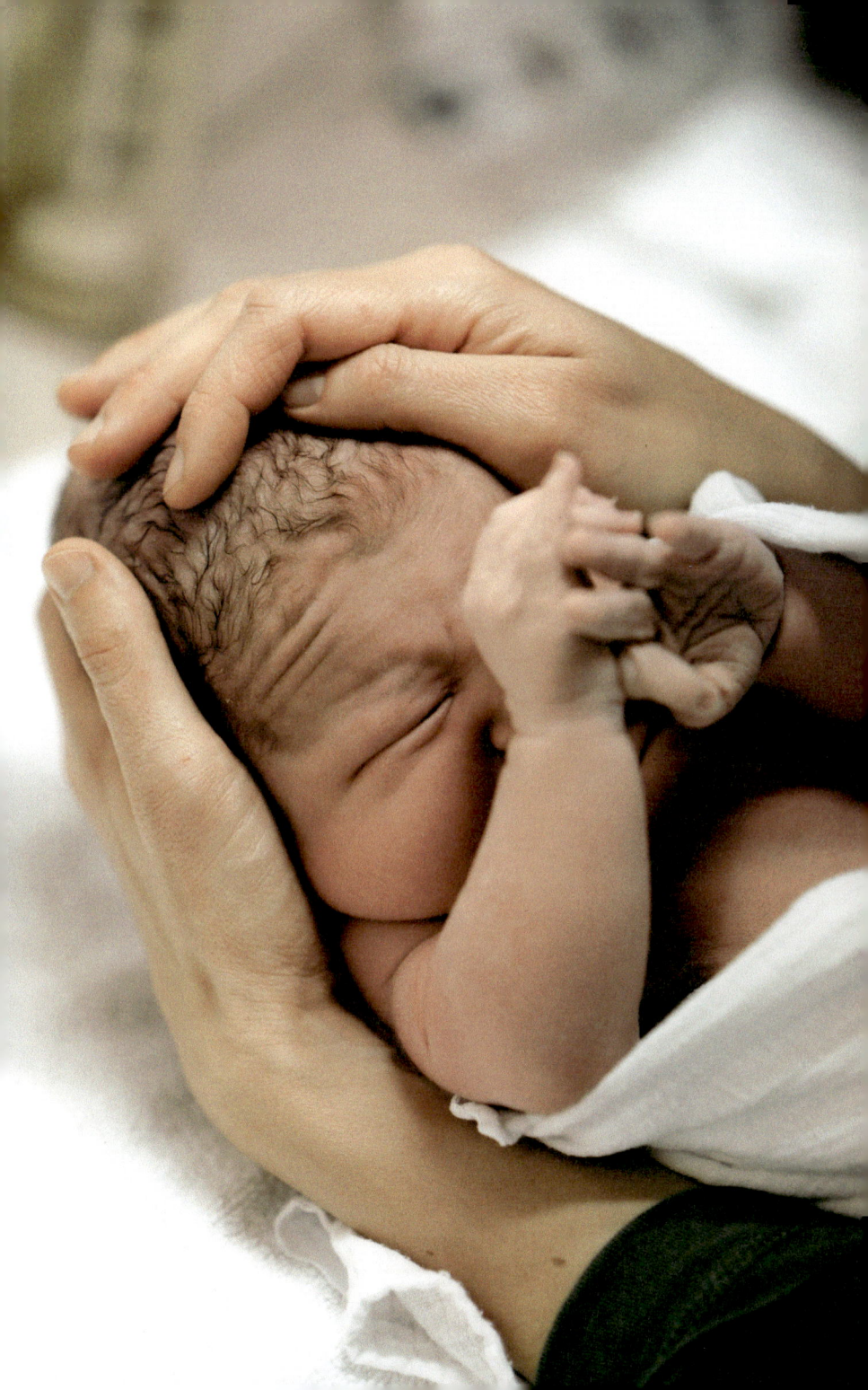

96__Stilldemenz
War was?

Habe ich das Kapitel nicht schon mal gelesen? Wer sich das fragt, hat damit bis nach der Geburt gewartet. Denn dann setzt bei vielen Frauen die Stilldemenz ein. Übrigens auch, wenn sie die Flasche geben! Denn dass man etwas zweimal auf den Einkaufszettel schreibt, kann in der Zeit nach der Entbindung locker passieren. Und dass man es dann trotzdem überhaupt nicht kauft, auch. Du willst dir was aus dem Kühlschrank holen und kommst grübelnd aus dem Bad zurück? Typisch! Hochzeitstag, Schwiegermutters Geburtstag, der fertige Tee in der Küche oder die Verabredung mit den Nachbarn? Im Nirwana der neuen Vergesslichkeit. Welche Brust hat das Baby jetzt schon getrunken? Und wann war das? Da hilft, eine Wäscheklammer nach jedem Trinkvorgang an den Träger der geleerten Seite zu heften!

Gegen die Vergesslichkeit an sich hilft allerdings erst mal nichts. Die gute Nachricht: Sie hat nicht wirklich mit Demenz zu tun, so hat sie nur der Volksmund getauft. Denn Gehirn und Konzentrationsfähigkeit sinken mit Neugeborenem auf das Level tatsächlich dementer Patienten. Übrigens unter Umständen auch beim Vater. Hauptursache ist wohl der irrwitzige Schlafentzug. Auch deswegen ist der Ratschlag, so oft zu schlafen wie möglich, nicht nur gut gemeint, sondern wirklich gut. Wann immer das Baby ein Nickerchen macht: Wäsche liegen lassen, kein Essen kochen und Wohnung nicht putzen. Dann heißt es: mitschlafen. Für Mehrlingseltern eine fast unlösbare Aufgabe. Für sie gilt mehr noch als bei »nur« einem Baby: Unterstützung planen und rufen!

Ein zweiter Faktor ist aber auch die Ablenkung: Plötzlich muss man an so viel Zubehör fürs Baby denken, dass der Geldbeutel oft zu Hause liegen bleibt. Nach dem Motto: Beide Hände voll, Tür zu, Schlüssel drin. Ärgerlich, aber so normal wie Blumen im Sommer. Wie so vieles vergeht auch das mit dem ersten Jahr. Dann laufen Elterngehirne wieder zu Hochform auf!

- Stillpads
- Windel...
- Edu...
- Hemdseife
- ZETTEL MITNEHMEN

!!!

nicht ver gessen!

97 __ Stillhütchen

Fluch oder Segen?

Alte Mütterweisheit: Wann immer es eine Frage rund um Schwangerschaft und Geburt gibt, kann man drei, vier oder fünf Leute fragen – und bekommt drei, vier oder fünf sich widersprechende Antworten. So auch bei Stillhütchen.

Das sind kleine Kunststoffnoppen, die man zum Stillen über die Brustwarze stülpen kann (sie haften von selbst). Warum man das tun sollte? Tja, Stillen ist nicht immer so easy, wie man sich das wünscht. Vielleicht sind die Brüste so prall mit Milch gefüllt, dass die Brustwarzen fürs Baby nur schwer zu greifen sind, oder die Brustwarzenform macht es schwierig. In anderen Fällen sind die Brustwarzen nach einer Weile wund genuckelt und schmerzen.

»Richtig anlegen« ist an dieser Stelle ein mittelguter Tipp, denn warum hat die Natur überhaupt Fehlerquellen zugelassen? Schräger halten? Das Baby zur Brust, nicht die Brust zum Baby – das ist manchmal leicht gesagt! Ach, jedenfalls können in all den Fällen Stillhütchen Abhilfe schaffen. Sie sorgen dafür, dass das Baby es leichter hat mit dem Trinken und die Brustwarzen geschont werden.

Alles paletti also? Nein! Kritiker wenden ein: Stillhütchen können dazu führen, dass das Baby die Brust nicht richtig leert. Dass es nie wieder ohne die Hütchen gestillt werden kann. Und dass die Milchproduktion zurückgefahren wird. Sofort steckt man in einem Dilemma: Ist das nur ein kurzfristiger Gewinn … der langfristig der Stillfähigkeit schadet?

Man kann es versuchen. Dann aber vorher die Hebamme konsultieren oder die Stillberatung aufsuchen. Es gibt viele Möglichkeiten, wie Stillhütchen eine Zwischenlösung sein können, und sei es nur zum Abheilen der wunden Brustwarzen oder um stressfrei das Stillen in Gang zu bringen. Die Hütchen wieder auszuschleichen kann gelingen. Wie so oft gilt auch hier: Jedes Mama-Baby-Team ist verschieden und findet seinen Weg!

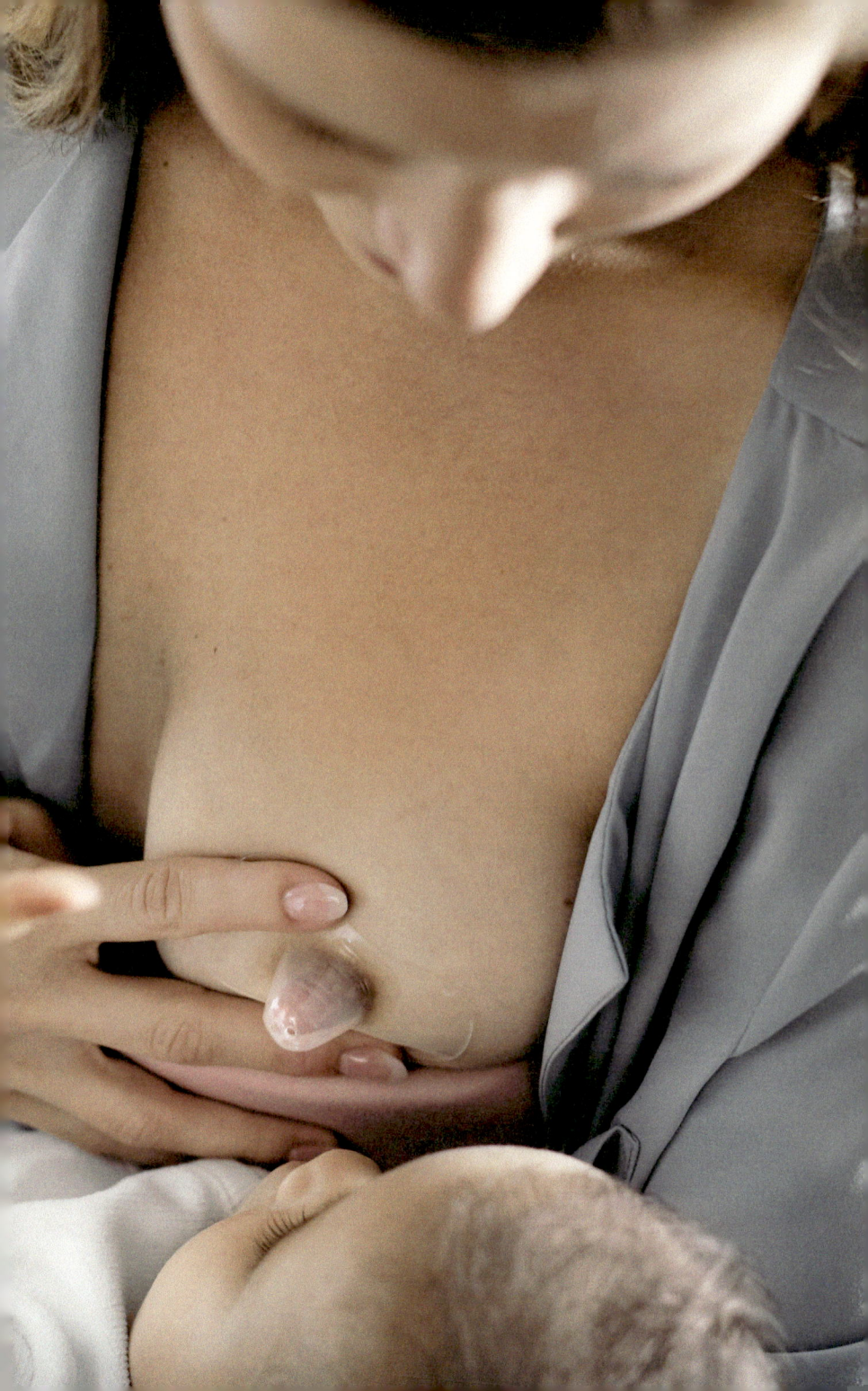

98_Superkräfte

Eltern sind Helden ohne Cape

Irre: Da habt ihr ein Kind, und man könnte meinen, alle sind erschöpft, müde und beschäftigt, aber das ist nur die halbe Wahrheit! Weil du als frischgebackenes Elternteil nämlich plötzlich immer wieder über dich selbst hinauswächst. Du findest dich manchmal sogar ein klitzekleines bisschen gut: Erstens weil du ja immerhin dieses reizende Kind gemacht hast, und zweitens weil du jetzt Superkräfte hast!

Bei Vollmond tanzen wie ein Backstreet Boy? Kein Problem! Denn wenn dein Kind nur so einschläft, dann wirst du Hüftschwung und Melodie auch hundemüde mitten in der Nacht hinkriegen, versprochen! Und singen kannst du, der du dich nie auch nur zur Chorprobe getraut hast, plötzlich auch. La-Le-Lu im Punkstyle? Perfekt! Den Moment nicht verpassen, wenn das Kleine von der Schaukel rutscht – und rechtzeitig auffangen! Außerdem kommst du wochenlang fast ohne Schlaf aus und bist auch fit, wenn du die dritte Mahlzeit in Folge vergessen hast – deine, nicht die des Kindes. Ein unwirsches Baby zwei Stunden unterhalten, mit Fieber trotzdem alles wuppen wie gesund, mit ungewaschenen Haaren würdevoll aussehen wie Sophia Loren bei der Oscar-Verleihung? Kein Problem für dich! Und du kannst immer mehr solche Dinge: Später erkennst du an der Nasenspitze deines Kindes, dass es Streichhölzer in der Hosentasche versteckt hat. Oder Ärger in der Schule. Du schreibst Stille den einzig möglichen Ursachen zu: Unheil und Schweinerei. Und du kannst verhasstes Gemüse zwischen geliebten Nudeln verstecken, der Pürierstab ist das Laserschwert der Eltern.

Nur darfst du nie vergessen, dass auch dein Kind Superkräfte entwickelt. Zum Beispiel Streichhölzer einstecken und ein raffiniertes Pokerface aufsetzen. Oder verstecktes Gemüse in Nudeln aufspüren. Deine Superkräfte wachsen deshalb mit deinen Aufgaben. Aber das ist ein anderes Thema …

99__ Threenager
Pubertät light

Beim Lesen von Elternratgebern kann man schon mal Angst bekommen. Da gibt es die »Terrible Two«, wonach Zweijährige sehr fordernd auftreten können, und die, echt jetzt, »Fucking Four«, wonach Vierjährige, nun ja, auch sehr fordernd auftreten können. Für das Jahr dazwischen sprechen die berufenen Experten von »Threenagern«. Das sind die Dreijährigen, die, man ahnt es, etwas anstrengender sein sollen.

Wenn Probleme auftreten, sind besagte Ratgeber wirklich hilfreich. Aber bis dahin darf man Mut tanken, denn ja, es gibt natürlich Zeiten, in denen Kinder sich verändern. Den eigenen Willen entwickeln. Weg wollen von den Eltern und die Welt auf ihren kleinen süßen Beinchen selbst entdecken. Aber die Aufzählung von Terrible Two, Threenager und Fucking Four zeigt ja schon: In dieser Absolutheit gibt es das Phänomen nicht. Kinder sind nicht drei Jahre am Stück damit beschäftigt, »terrible« und »fucking« zu sein, allein die Wortwahl beweist, dass das eher sarkastische Scherze von Erwachsenen sind. Threenager also sind Dreijährige, die motorisch immer mehr können, die schneller laufen, mehr verstehen und Vorlieben entwickeln: beim Essen, in ihrer Freizeitgestaltung und überhaupt bei allem anderen. Es sind kleine Menschen, die ein Jahr damit zubringen, zu größeren Menschen zu werden. Und die mit jedem Tag lernen, ihre Emotionen zu regulieren. Das ist am Anfang genauso schwer wie das Laufen!

Es gibt sie also, die pubertätsähnlichen Zustände bei Kleinkindern. Und während sie auf der einen Seite ein Training für die Kinder sind, lernen auf der anderen Seite die Erwachsenen gleichzeitig, gelassen damit umzugehen. Denn auf die Wut der Kids mit Wut zu reagieren, ist zwar menschlich, lässt sich aber besser machen. Mit viel Geduld. Es naht Hoffnung: Bis zur Wackelzahnpubertät ungefähr mit der Einschulung wurde noch kein Ausdruck fürs fünfte Lebensjahr erfunden. High Five!

100 _ Die Toniebox

Immer eine gute Figur

Kinder lieben Musik, und das ziemlich früh. Kaum später entdecken sie auch Hörspiele. Leider macht ihr Entdeckertrieb nicht vor dem Medium halt, von dem die kommen. Da werden vollkommen arglos CDs zerkratzt, USB-Sticks in Sofaritzen versenkt, Alexas mit nervigen Befehlen vollgetextet und Laptops mit klebrigen Fingern ausgeknockt. So wird aus Hörspaß oft genug Frust. Außer, man hat eine Toniebox.

Das Ding ist ein stoffbezogener Würfel mit Lautsprecher-Funktion. Sie funktioniert mit kleinen Figuren, die magnetisch auf der Box halten und sich so mit ihr verbinden. Figur hochnehmen – Musik oder Hörspiel stoppt. Box links anklopfen für Vorspulen. Spitze »Gummi-Ohren« der Box drücken, um die Lautstärke zu regeln. Die Figuren selbst sehen aus, als seien sie süßes Spielzeug, und sind selbsterklärend: Was wie Bibi Blocksberg aussieht, spielt Bibi Blocksberg ab, ebenso Rotkäppchen, der Grüffelo oder der Löwe, der nicht schreiben kann. Dazu gibt es noch Kreativtonies, die man über jeden Computer selbst mit Audiodateien bespielen kann.

Die Figuren sind mehr oder weniger unkaputtbar, auch die Box hält so einiges aus. Klar, raus in die Matschepampe sollte sie nicht, und als Baseball-Ersatz hält sie vielleicht auch kein ganzes Match durch. Aber den extremen Belastungen normaler kindlicher Neugier hält das Teil locker stand. Hinter ihrem bunten Bezug steckt nicht nur ein Lautsprecher, sondern auch viel innovative Technik, die sich zwei Daddys aus Düsseldorf ausgedacht haben. Die ärgerten sich nämlich, genau, über zerkratzte CDs. Und nutzten ihren Frust für diese Erfindung, die ein beispielloser Erfolg wurde – geschrieben wurde von über 50 Millionen Euro Umsatz in zwei Jahren! Das Erfolgsrezept ist aber auch zu gut: Die Bedienung ist kinderleicht, und kaputt geht auch nichts. So einfach vertreibt man Kassette, CD, Laptop und Lautsprecher aus dem Kinderzimmer!

101 Die Trage

Am Bauch ist fast so gut wie im Bauch

Eins vorweg: Das Thema Babytrage ist ein sehr, sehr weites Feld. Viele Mütter schwören hartnäckig darauf, dass ihre die einzig wahre ist – und das ist zugleich eine erleichternde Wahrheit, denn es gibt viele sehr gute Babytragen. Welche einem am ehesten liegt, sollte man am besten mit Baby herausfinden.

Denn das Baby kann schon im Laden deutlich zeigen, was es als gemütlich empfindet. Brüllen heißt frei übersetzt: bitte nicht. Und Einschlafen bedeutet: neuer Lieblingsplatz. Daneben helfen Hebammen, Trageberatungen oder spezialisierte Shops dabei, die ideale Babytrage zu finden. In einem sind die Experten sich einig: Das Baby sollte nicht nach vorn blicken. Denn Babys Beine sollten in der Anhock-Spreiz-Position ruhen, also nicht einfach hängen. Und zweitens überfordert der Blick nach vorn die Kleinen noch. So viele Bewegungen, Farben, Reize: Das ist zu viel fürs zarte Babygehirn. Der Blick auf Mama oder Papa im babyfreundlichen Abstand von etwa 30 Zentimetern, dazu Hautkontakt und der vertraute Geruch seiner Lieblingsmenschen, so fühlt das Baby sich viel wohler.

Zur Hardware: Grob gesagt muss man zwischen Tragetüchern und Babytragen unterscheiden. Tragetücher haben eine riesige Fangemeinde. Neben ihrer Funktion als Trage können sie auch als Sichtschutz beim Stillen, Wickelunterlage oder Decke dienen. Tragetücher sind also so eine Art Schweizer Taschenmesser für Eltern.

Komforttragehilfen werden mit Schnallen befestigt und können auf jeden Träger individuell eingestellt werden. Das Gewicht ruht dabei auf dem Hüftgurt, und Neugeborenen-Einsätze halten das Baby in der idealen Position. Der Markt ist monströs, da kommt kein Elternpaar um die eigene Recherche herum. Man muss sich das vorstellen wie eine Mischung aus Schuhkauf und Anschaffung eines Fahrrads: muss einfach in jeder Hinsicht passen. Ist das perfekte Stück gefunden, kann die gemeinsame, gemütliche Reise losgehen!

102 Die Überwachungs-station

Vorsprung durch Technik – und Pflege

Für manche Neu-Eltern ist es ein großer Schreck: Kaum ist das Baby auf der Welt, kommt es auf die Überwachungsstation! Weil es zu früh kam, Anpassungsstörungen hat oder aus anderen Gründen versorgt werden muss. Hier erlebt man aber längst nicht nur ein Trauma, sondern auch die unglaubliche Kraft der modernen Medizin. Denn Babys Vitalfunktionen werden ganz geräuschlos an die Station gemeldet. Beatmungsgeräte wirken unterstützend und »erkennen«, wie viel Hilfe das Baby braucht. Auch geschieht die Beatmung oft besonders schonend über Nasenmasken. Und: Das Personal lebt einen beeindruckenden Spagat aus pfeilschnellen Reaktionen und extrem angenehmer Ruhe, die positiv auf die Babys wirkt.

So helfen Überwachungsstationen nicht nur den Babys, sondern auch den Eltern, mit dem ersten Schreck zurechtzukommen, dass nicht alles rund läuft. Anders als früher gehört dazu auch, dass die Eltern möglichst viel Zeit mit ihren Babys verbringen sollen. Eine ausgebildete Kraft hilft dabei, das Baby auf die Brust von Mama oder Papa zu legen, da darf es dann »känguruhen« – oft sogar noch bei Beatmung. Der zerbrechliche Neuling kann so Hautkontakt auf der Brust tanken und sich sicher und geborgen fühlen. Denn auch wenn die Pflegekräfte jedes Wickeln, jedes Anfassen als angenehme, entwicklungsfördernde Maßnahme gestalten, ist es dennoch für Baby und Eltern äußerst heilsam, beieinander zu sein.

Stillberatung, Hilfe beim Abpumpen und ein sozialmedizinischer Dienst, der in Sachen Verdienstausfall bei Frühgeburten berät, sind ebenfalls zur Stelle. So wird Frühgeborenen die Zeit gegeben, möglichst sanft außerhalb des Mutterleibs zu reifen. Und krank Geborenen wird medizinisch geholfen, ohne die Seele zu übersehen. Das Ziel: ein körperlich *und* seelisch gesundes Baby, das nach holprigem Start happy seine Reise durchs Leben antreten kann.

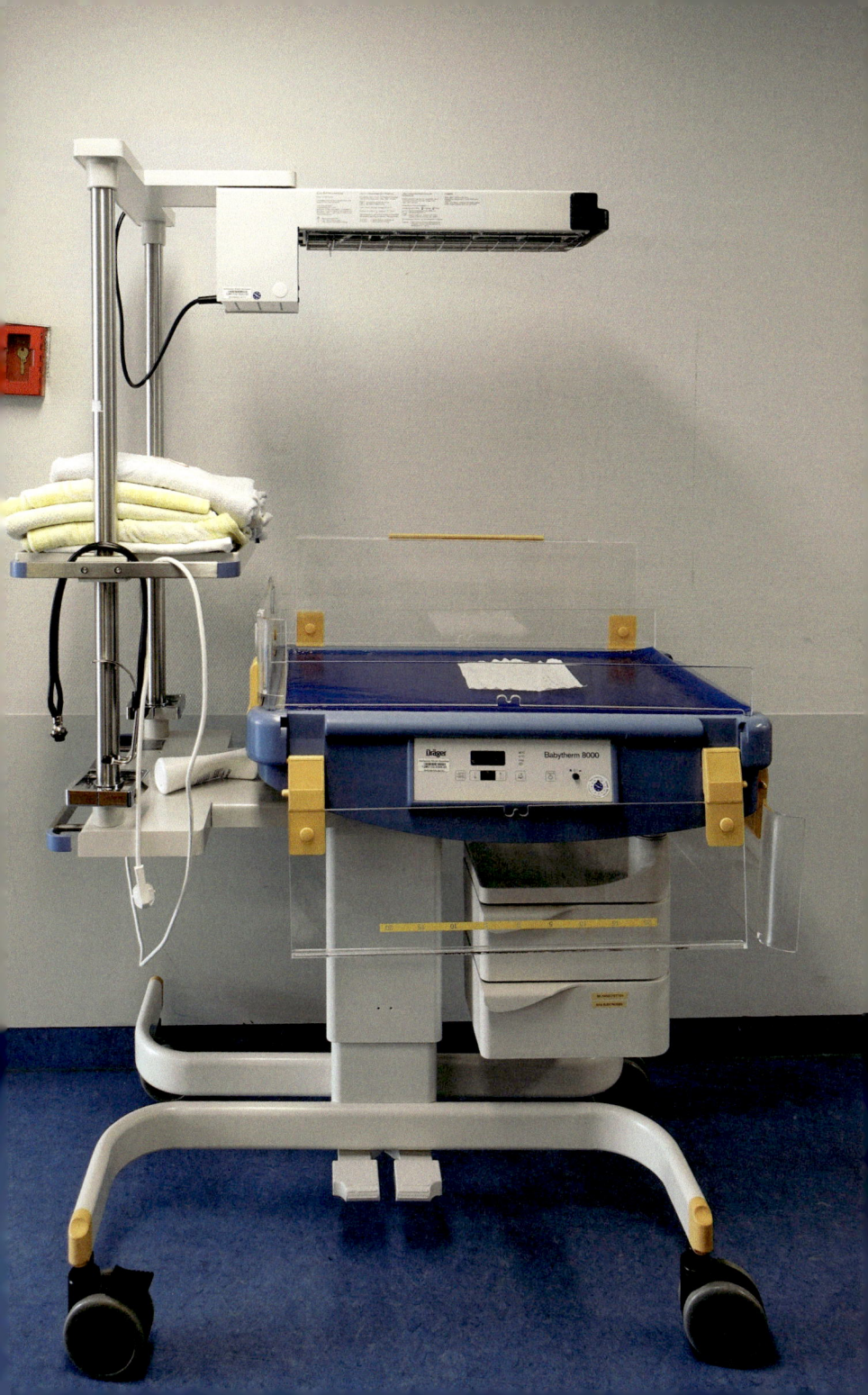

103 Vornamen-Hitlisten

Von A wie Anna bis Z wie Zac

Du merkst erst, wie viele Leute du nicht magst, wenn du einen Vornamen für dein Kind suchst. Und wie ungefiltert du Meinungen gesagt bekommst. Und wie anders dein Partner doch tickt. Und wie viele Ex-Partner ihr habt. Deswegen ist kaum etwas so schwierig wie die Suche nach dem Namen fürs Kind: Aus einem scheinbar kleinen Problem können drei große werden!

Denn oft prallen da bei Eltern Welten aufeinander. Der eine will Omi Elsbeth unvergessen machen, die andere die unstillbare Liebe zur japanischen Kultur auch dem Nachwuchs mit auf den Weg geben.

Tja, und nun? Wenn sich Fronten unnachgiebig gegenüberstehen, versprechen Namens-Hitlisten Abhilfe. Aber in Wirklichkeit lauern auch da Probleme über Probleme. Wenn alle »Marie« gut finden, will man dann nicht anders sein? Oder du wolltest dein Kind absolut immer schon genau SO nennen, wie Heidi Klum, Kim Kardashian oder Dieter Bohlen es nun eben schon getan haben? Oder du hattest den einmalig schönsten Namen im Ärmel, aber deine beste Freundin hat einen Monat vor dir entbunden – und zufällig den gleichen ausgesucht. Und auch wenn der neue, alternative Name bisher VOLL der Insider war, haben plötzlich alle Nachbarn genau den für ihren Nachwuchs gewählt. Oder du hast dich nach langem Ringen für »Emma« entschieden, da schreibt die Zeitung, dass das der beliebteste Hundename in Deutschland ist. Hundename! Seit wann heißen die nicht mehr Kira und Hasso? Und sind diese Namen dann jetzt frei für Kinder?

Egal, wofür du dich entscheidest: Sobald du den Namen preisgibst, kommen irgendwelche Leute mit charmanten Kommentaren um die Ecke: »Igitt, so hieß meine erste Freundin, die war total psychopathisch.« Oder: »Das wäre mir viel zu kompliziert von der Schreibweise!« Oder: »Ist das nicht doof zu deinem Nachnamen?« Nur eins ist sicher: Es kommt der Tag, an dem deine Tochter ihren Namen verabscheut. Egal, ob Emma, Kira oder January …

104 Wachstumsschmerzen

Nächtliche Schwerstarbeit

Wade, Knie, Oberschenkel oder Schienbein: Wenn es Kindern dort wehtut, sind das vielleicht »Wachstumsschmerzen«. Sie treten meistens nachts auf, können die Kleinen ganz schön piesacken – und sind Gott sei Dank nichts Ernstes.

Ihren Namen hat der Volksmund ihnen gegeben, denn eine medizinische Diagnose im eigentlichen Sinne sind Wachstumsschmerzen nicht. Röntgenaufnahmen, CT, MRT oder Blutbild: Mit keinem bildgebenden Verfahren können Mediziner Wachstumsschmerzen nachweisen. Das nennt man »Ausschlussdiagnose«: Es tut weh, ist aber kein Bruch, keine Verletzung, kein Tumor und keine Entzündung? Bleibt das Wachstum als Ursache. Typischerweise kommen die Schmerzen nachts, was Sinn macht, denn dann schüttet der menschliche Körper auch bis zu 80 Prozent der Wachstumshormone aus. Das bedeutet aber: Es tut in Ruhe weh, und nicht, wenn der Körper gerade belastet wird. Meist ist der Schmerz beidseitig, und Eltern können testen, ob den Kindern eher Wärme oder Kälte dagegen hilft. Manchmal wachen Kinder sogar auf von den hundsgemeinen Schmerzen. Dabei sollte Wachstum eigentlich nicht wehtun!

Warum es trotzdem bei bis zu 30 Prozent (das ist allerdings eine sehr grobe Schätzung, denn genaue Forschungen gibt es nicht) der Kinder passiert, darüber sind die Fachleute nicht einig. Eventuell wachsen Knochen und Weichteile nicht gleichermaßen schnell, was zu Spannungen führen kann, dann wäre die Knochenhaut die Ursache der Probleme. Oder aber die Knochen werden von Wachstumsschüben überlastet und schmerzen deshalb, also aus einer Art Ermüdung heraus.

Der Spuk sollte unregelmäßig auftreten. Ansonsten ist ein Besuch bei der Kinderärztin angeraten. Bei manchen Kindern treten die Schmerzen übrigens lange übers Kleinkindalter hinaus auf – aber klar, die wachsen ja auch, bis sie erwachsen sind. So mit zwölf Jahren haben die meisten es geschafft. Hurra!

105 Die Wackelzahnpubertät

Eine richtige kleine Explosion

»Wackeln die Zähne, wackelt die Seele«, lautet ein Buchtitel. Denn ziemlich genau mit der Schulreife fallen den Kindern die ersten mühsam gezüchteten Milchzähnchen aus. Und gleichzeitig haben sie oft eine Art seelischen Umbruch. Es hilft, das zu wissen, denn jede Veränderung, die einen nicht ganz unerwartet trifft, lässt sich leichter verwalten. Eltern können sich also aufs Ende der Kleinkindzeit vorbereiten, indem sie mit der Wackelzahn-Pubertät rechnen.

»Nein« ist das Lieblingswort der Wackelzahn-Pubertiere, und Wut ist ihr Begleiter. Wie in der echten Pubertät kommt sie plötzlich und heftig. Nun aber ist sie nicht mehr kleindkindlich-handlich in Zornattacken und Fäustetrommeln versteckt, sondern viel komplexer. Das süße Schnuffelkind stößt dich jetzt weg, provoziert, knallt mit Türen und brüllt deine wundesten Punkte lautstark an, von »Ich hab dich nicht mehr lieb!« bis zu einem ebenso schmerzhaften »Du hast mich ja nur nicht mehr lieb!«.

Eins allerdings ist ja klar: Dein Kind ist nicht dein Gegner. Es will keine Schwierigkeiten machen, es steckt selbst mittendrin. Denn erstens sind die körperlichen Veränderungen, die es durchmacht, ziemlich stressig. Das Gehirn wird komplexer, damit auch die Persönlichkeit, dazu kommen neue Zähne und Wachstumsschübe, durch die sich der Körperschwerpunkt verändert. Plötzlich werden die großen Kleinen tollpatschig – und kassieren für etwas, das sie selbst verunsichert, auch noch Gemecker. Nun verstehen sie mehr, wollen mehr allein machen, sind steigenden Anforderungen ausgesetzt, zum Beispiel durch die Schule. Wen würde all das nicht aus den Puschen hauen? Da helfen nur Geduld und Mitfühlen bei den Eltern. Sich nicht angegriffen fühlen, sondern sich zurücknehmen und das Kind sehen. Da sein. Trösten. Aushalten, dass die Nähe plötzlich anders ist. Das ist anstrengend, unglamourös, traurig – aber auch eine Seite des Elternjobs. Eine der wichtigsten!

106__Warum?

Ja, warum?

Kinder durchlaufen manche Entwicklungsschritte, die erstens schreiend komisch und zweitens bei allen gleich sind. Warum? Tja, gewöhn dich schon mal daran, dass du nicht auf alles eine Antwort hast! Denn so ab dem dritten Geburtstag kommt die Warum-Phase. Und die ist richtig, richtig süß. Und richtig, richtig hart!

Denn nie wird dir so unbarmherzig vor Augen geführt, wie ungebildet, unwissend und stumpf du eigentlich durch die Welt läufst, also jedenfalls wahrscheinlich. Warum ist der Himmel blau, warum fliegen Flugzeuge, warum gibt es Ebbe und Flut? Warum müssen wir arbeiten, warum wollen Menschen Kinder, und warum hat man Popel? Warum sind die Dinos ausgestorben, warum steckt Döner auf einem Spieß, warum ist Obst gesund? Der gewöhnliche Elterntag in der Warum-Phase ist ein wilder Ritt durch Physik, Geschichte und Psychologie. Und immer, wenn du gedanklich eine Becker-Faust ballst, weil deine jüngste Antwort der Oberknaller war, folgt wie das Amen in der Kirche ein »Warum?«.

Da gilt es, nicht zu verzweifeln. Immerhin ist im Fall akuter Ratlosigkeit die Antwort meist nur ein paar Klicks entfernt, und wenn es mal zu kompliziert wird, hilft ein ehrliches »Ich weiß es auch nicht«. Auch wenn das manchmal etwas anstrengend wird, sollte man daran denken: Diese Phase ist für Kinder superwichtig, denn sie lernen nun, dass sie lernen können. Die Welt verstehen – und hey, sie denken wirklich, ihre Eltern wären die beste Adresse, eine Art Enzyklopädie auf Beinen und sowieso superschlau! Vielleicht wird nie wieder jemand dich so bedingungslos für kompetent halten!

Warum wir uns die Zähne putzen? »Hast du selbst eine Idee?«, kann ein guter Einstieg sein. Denn so lernt das Kind nicht nur die Lösung, sondern auch, sich selbst nach möglichen Antworten umzuschauen. Das macht dann nicht nur schlau, sondern auch kreativ. Und megawitzig ist das auch oft, versprochen!

107___Die Wehen

Die acht Tricks der Gebärmutter

In Filmen sieht man gefühlt immer nur die Austreibungsphase: großes Hallo, Baby kommt, Konfetti der Gefühle! Dabei ist die Sache im echten Leben wie immer komplizierter: Es gibt acht Arten von Wehen!

Denn, Überraschung: Die Gebärmutter ist eigentlich ein XXL-Muskel mit Stauraum. Leider können Frauen den aber nicht bewusst steuern, das geschieht unwillkürlich durch Hormone. Los geht es ziemlich früh in der Schwangerschaft mit den Braxton-Hicks-Kontraktionen (benannt nach ihrem englischen Entdecker, der so hübsch nach Schluckauf klingt). Diese Übungswehen sind kein Grund zur Sorge, denn sie sind nicht muttermundwirksam.

Danach kommen, ungefähr ab Woche 36, Senkwehen. Sie helfen Babys, in die wichtige Startposition zu gelangen, und sind bei vielen schon deutlich spürbar. Das gilt erst recht für Vorwehen. Sie sollten in den letzten Tagen vor der Geburt auftreten, und mit ihnen taucht immer wieder die Frage auf: »Sind das schon echte?« Tipp: Ein Blick auf die Uhr hilft. Kehren sie wieder? Werden die Abstände kürzer? Erst dann sind es Eröffnungswehen! Sie sind leicht zu erkennen und erfüllen endlich die Klischees, die wir von Wehen kennen: Sie kommen regelmäßig, dauern jeweils etwa eineinhalb Minuten, beginnen leicht, haben einen Höhepunkt und schwächen sich dann ab. Mit der Zeit werden sie intensiver und ihre Abstände kürzer. Ihre Aufgabe ist es, den geschlossenen Muttermund auf zehn Zentimeter zu dehnen. Dann passt das Babyköpfchen durch, und die Austreibungswehen setzen ein. Jetzt nimmt die Reise des neuen Erdenbürgers Fahrt auf, bis die Mutter schließlich Pressdruck spürt: die Presswehen. Danach ist es wirklich wie im Film: Happy End, Konfetti der Gefühle, schönster Moment im Leben! Fehlen nur noch Nachgeburtswehen, die dazu dienen, die Plazenta zu lösen. Und das echte Ende ist mit Nachwehen erreicht. Durch Hormone ausgelöst, helfen sie dabei, die Gebärmutter wieder zusammenzuziehen. Geschafft!

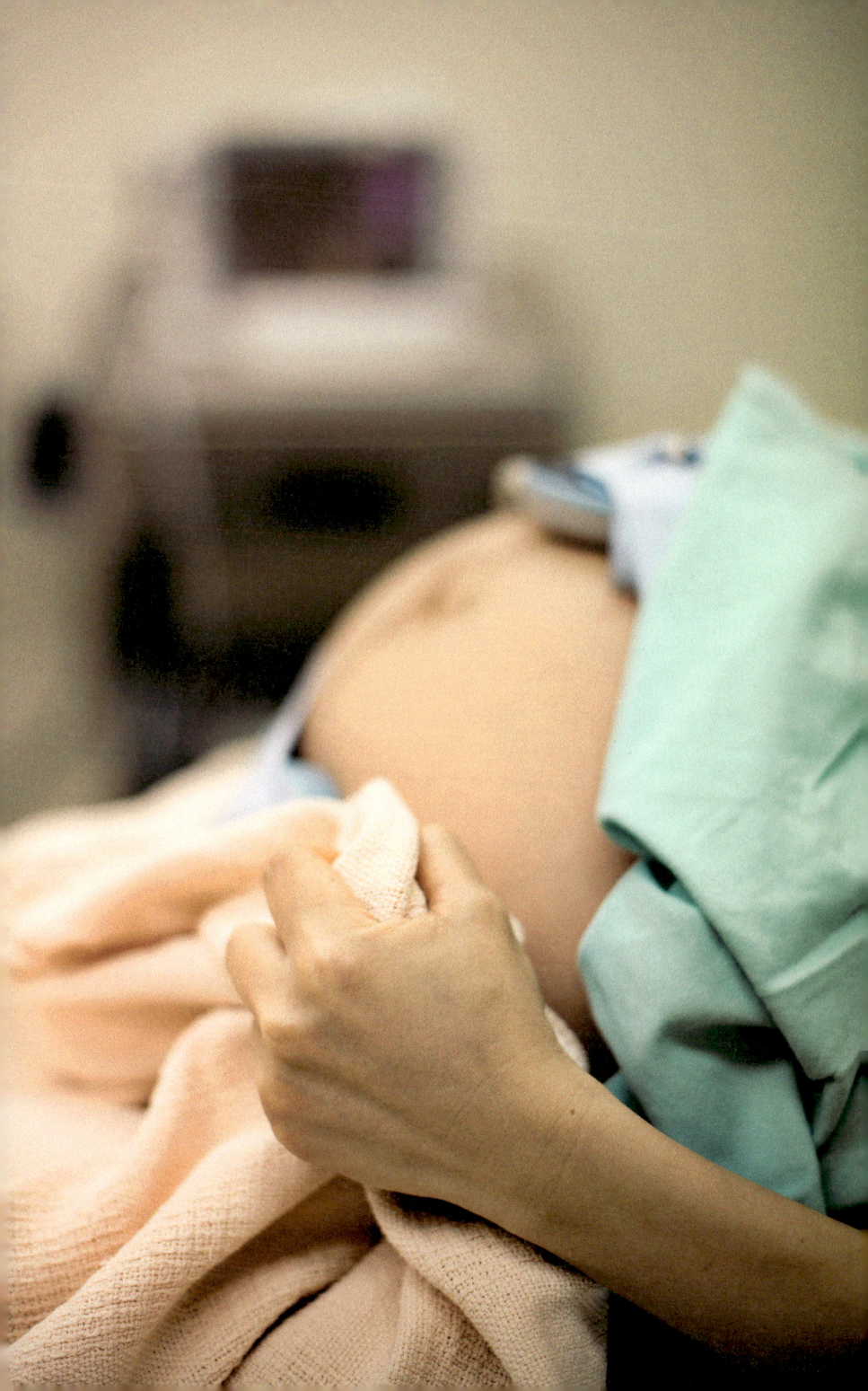

108_ Wendepailetten

Ein einziges Auf und Ab

Für die einen ist es nur ein schräger Modetrend. Aber für Kids ist es der erste Zaubertrick ihres Lebens: Wendepailletten. Alle großen Ketten und kleinen Boutiquen haben sie seit ein paar Jahren im Angebot, und Mädchen wie Jungs fahren voll auf die Teile ab.

Der Mechanismus ist easy für den Träger: Einmal senkrecht entlanggestrichen, ändert sich das Motiv. Und in die Gegenrichtung ändert es sich zurück. Die Textilindustrie wird nicht müde, sich immer neue Gags zu überlegen, die sie so auf Shirts und Mützen bannt. Da wird aus einem »Yes« ein »No«, aus einer Prinzessin eine Skaterin, aus Batman Superman. Kurz streichen, rascheln, fertig ist der Effekt!

Aber warum lieben Kinder das eigentlich so? Na, erstens natürlich, weil sie so zwei Teile in einem bekommen. Zweitens, weil sie den Trick ganz allein hinkriegen und sich wie Mini-Harry-Potters fühlen können. Und drittens wohl, weil dieser Trend wirklich den Kindern vorbehalten ist. Längst tragen auch Mütter Ugg-Boots, Adidas-Beanies und Sneaker-Vans. Aber Pailletten-Shirts, die haben wirklich und wahrhaftig eine Altersgrenze. Spätestens mit dem Eintritt in die Pubertät sind Pailletten peinlich. Deswegen sind die Streichshirts den kleinen Kindern vorbehalten, und sie tragen sie stolz wie eine Rüstung: »Seht her, ich bin Kind und hab Spaß!«, tönt der Subtext jedes noch so albernen Motivs von ihren Bäuchen.

Okay, eine Ausnahme gibt es: Schuh-Papst Christian Louboutin (Kult geworden durch die roten Sohlen und die Serie »Sex and the City«!) brachte irgendwann eine 800-Euro-Stiefelette heraus, die dank Wendepailletten die Farbe ändern konnte. Aber die 800-Euro-Pailletten-Stiefel wären sowieso nichts für auf den Spielplatz und in den Wald. Nur wenn man als Mutter vom eigenen Kind nicht darin gesehen wird, wäre das also ausnahmsweise okay, wenn auch nicht ganz billig.

109__Das Wochenbett

Flitterwochen mit Baby

Ist das Baby endlich auf der Welt, hat das Wochenbett Tradition.
Und das ist nicht antiquiert oder überholt oder unnötig, sondern
eine sehr, sehr gute Einrichtung. Denn nach der Geburt eines Babys
stehen superwichtige Sachen an. Erstens: Liebe. So, wie die meisten
von uns sich nach ihrer Heirat eine Hochzeitsreise gönnen, um das
einmalige Ereignis genießen zu können, ist das erst recht angebracht,
wenn ein Baby kommt. Denn dann ist Bonding, der Aufbau der Beziehung zwischen Eltern und Kind, einmalig, toll, romatisch – und
daneben auch superwichtig.

Bei der Geburt verändert sich auch der Körper der Neu-Mami
noch mal enorm, ist ja schließlich Schwerstarbeit! Da ist Schonung –
oder wenigstens Selbstbestimmtheit – wichtig. Denn wer seinen Beckenboden zu früh belastet, könnte die Rückbildung verzögern. Dazu
kann der Milcheinschuss ungewohnt sein, das Stillen läuft nicht immer wie von selbst, die Schlaflosigkeit kann schnell zu Erschöpfung
führen, und der Wochenfluss muss auch irgendwie verwaltet werden.
Zum Beispiel, indem man alle zwei Stunden zur Toilette geht, um
die Einlage zu wechseln. Der Vater will sich vielleicht auch ein paar
Tage im »Familien-Wochenbett« gönnen. Was man jetzt nicht brauchen kann, sind »Baby-Touristen«, die Arbeit mitbringen, dreckiges
Geschirr hinterlassen und sich nur ums Baby kümmern, während
die Mutter gestresst ist.

Wie also plant man? Am besten, indem man vorher Termine ab-
spricht. Wer darf ins Krankenhaus? Zu Hause dann eine »Massen-
besichtigung« des Babys, damit man nach einer Stunde durch ist.
Vielleicht keine Geschenke mitbringen lassen, sondern ein Mittag-
oder Abendessen, denn das ist hilfreich. Man sollte, kurz gesagt, das
Selbstbewusstsein haben, sein Nest, das ja gerade erst gebaut wird,
gegen Stress zu verteidigen. Zum Beispiel mit einem Spruch auf der
Mailbox. »Wir sind mit Nestbau beschäftigt, melden uns danach.
Piiiep!«

110_ Workload
Schatz, wir müssen reden

Workload ist ein Konzept, das in Deutschland noch nicht lange bekannt ist. Kurz gesagt ist damit alle Arbeit, die in einer Familie erledigt werden muss, gemeint – auch die unsichtbare. Und daraus resultiert die Paarfrage, wer was wie übernimmt.

Denn noch immer ist es so, dass Frauen in Deutschland viel mehr im Haushalt tun als Männer. Und ziemlich viele kommen irgendwann an den Punkt, wo sie sich fragen: »Warum bin ich immer so erschöpft?« Dann hilft es, sich den Alltag mit Familie einmal schonungslos aufzulisten. »Termin beim Augenarzt machen und wahrnehmen« ist eben nicht nur ein Anruf und eine Stunde in der Praxis. Sondern es bedeutet, dass man über Tage einen Arzt sucht, der nach x Versuchen ans Telefon geht und dann innerhalb von vier Wochen einen Termin hat. Der Termin selbst ist oft mit drei Stunden Wartezeit verbunden, Geschwister müssen wegorganisiert werden. Trotzdem muss die Arbeit im Job erledigt und das Essen am Abend gekocht werden. Die Wäsche macht auch keine zwei Tage Pause – und Zahnarzt, Schuleingangsuntersuchung, Kitagespräch und Schuhkauf warten parallel auf Erledigung. Für Letzteren zum Beispiel müssen die Schuhe regelmäßig auf Größe und Passform kontrolliert werden. Wer denkt an so was? Und so summiert sich das Familienleben auf einen nie versiegenden Quell von Aufgaben. Meist sind es die Frauen, die plötzlich in einer Welt der tausend Handgriffe leben – von denen für die Männer jeder optional erscheint, nach dem Motto: »Kann man machen, muss man aber nicht«. Manchmal erschöpft sich ihre Hilfe in bloßen Ratschlägen: »Dann wasch die Kinderkleidung doch seltener!«

Also: reden, reden, reden! Und den Willen haben, beide Seiten zu verstehen. Dem Klischee folgend, um ein Beispiel zu nennen, machen Männer auch unsichtbare Arbeit: Steuererklärung, Winterreifen, Software-Update. Fazit: Alles auf eine Liste packen, und dann versuchen, es gerecht zu verteilen!

111___Der Zahnseidentanz

Deinem Zahnarzt gefällt das

Dein Kind ist klein, kennt weder YouTube noch Netflix, und das weltweit erfolgreichste Computerspiel Fortnite sagt ihm auch noch nichts? Alles egal, der Zeitgeist dieser Dinge tröpfelt trotzdem bis auf die Schulhöfe und über ältere Geschwister sogar in die Kindergärten. Gern in Gestalt von Dance-Moves.

Da war der Gaga-Gangnam-Style, der von Südkorea bis in die nördlichsten Provinzen Europas schwappte. Plötzlich wedelten alle in einer Mischung aus Schlagzeug- und Reiter-Imitation mit Händen und Armen, dazu wurde wild mit den Beinen gezappelt. Danach kamen einige schrille Moden mehr, und momentan scheinen der »Tidy Emote« von Snoop Dogg, der »Milly Rock« des Rappers 2 Milly und der Zahnseidentanz die Nase vorn zu haben.

Der »Floss«, wie der Zahnseidentanz im Original heißt, stammt nicht von einem Musiker, sondern vom Instagram-Star Backpack Kid, der bei der ersten Aufführung einen Rucksack trug und deswegen nur ungelenk mit den Armen schwingen konnte. Das sah ein wenig so aus, als versuche er einen Krampf in der Hüftgegend zu lösen, während er mit den Füßen am Boden klebt – also erstens irgendwie wie das Schrubben mit Zahnseide und zweitens ziemlich cool. Wegen seiner Einfachheit, gepaart mit ein bisschen Humor, wurde der Dance Move ein XXL-Hit unter Kindern.

Und unter Gamern! Denn beim PC-Game-Hit Fortnite, das rund um den Globus mehr als 125 Millionen Menschen spielen, kann man die kleinen Tänzchen für seinen Avatar dazukaufen. Was wiederum ständig die Bekanntheit erhöht. In Deutschland ist Fortnite ab zwölf Jahren freigegeben, also noch bestes Zappelalter. Vielleicht ist das gut so: dass die PC-Kids mit Bewegungen aus der Real World verbunden bleiben – und was vom Bildschirm auf den Schulhof mitnehmen. Wie der Tanz dann genau heißt, ist egal. Gut möglich, dass es schon morgen andere schrille Mini-Choreografien sind, die unsere Kids tanzen, zappeln, wippen und hüpfen.

Isa Grütering, Natascha Korol,
Theresia Koch
**111 Orte für Kinder in Berlin,
die man gesehen haben muss**
ISBN 978-3-7408-0251-6

Christina Bacher,
Norbert Breidenstein
**111 Orte für Kinder in Köln,
die man gesehen haben muss**
ISBN 978-3-7408-0332-2

Daniela Clément
**111 Orte für Kinder in Hamburg,
die man gesehen haben muss**
ISBN 978-3-7408-0334-6

Cornelia Kuhnert, Günter Krüger
**111 Orte für Kinder in und um
Hannover, die man gesehen
haben muss**
ISBN 978-3-7408-0333-9

Florian Kinast
**111 Orte für Kinder in München,
die man gesehen haben muss**
ISBN 978-3-7408-0431-2

Bernadette Németh
**111 Orte für Kinder in Wien,
die man gesehen haben muss**
ISBN 978-3-7408-0558-6

Julia Tzschätzsch
**111 Orte für Kinder in Frankfurt,
die man gesehen haben muss**
ISBN 978-3-7408-0686-6

Charlotte Mohs
**111 Orte für Kinder in Mainz,
die man gesehen haben muss**
ISBN 978-3-7408-0665-1

Priska Lachmann
**111 Orte für Kinder in Leipzig,
die man gesehen haben muss**
ISBN 978-3-7408-0654-5

Katja Josteit
111 Orte für Kinder in Kiel, die man gesehen haben muss
ISBN 978-3-7408-0641-5

Franziska Lô
111 Orte für Kinder in und um Stuttgart, die man gesehen haben muss
ISBN 978-3-7408-0655-2

Holger Grumt Suárez, Rolando Grumt Suárez
111 Insekten, die täglich unsere Welt retten
ISBN 978-3-7408-0628-6

Carsten Neß, Theo Haart
111 Tiere und Pflanzen an der Mosel, die man kennen muss
ISBN 978-3-7408-0563-0

Maria Teresa Carbone
111 Hunde, die man kennen muss
ISBN 978-3-7408-0477-0

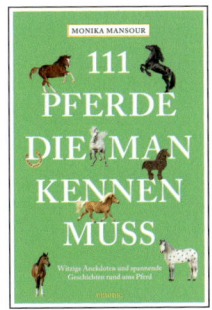

Monika Mansour
111 Pferde, die man kennen muss
ISBN 978-3-7408-0444-2

Theo Pagel, Brian Batstone
111 Dinge über Elefanten, die man wissen muss
ISBN 978-3-7408-0349-0

Elke Pistor
111 Katzen, die man kennen muss
ISBN 978-3-95451-830-2

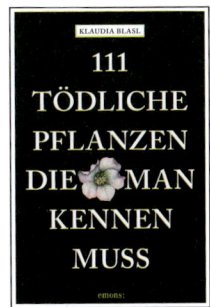

Klaudia Blasl
111 tödliche Pflanzen, die man kennen muss
ISBN 978-3-7408-0441-1

Erik Gloßmann
Sagen aus Berlin
Illustriertres Kinderbuch
ISBN 978-3-7408-0551-7

Ingrid Annel
Sagen aus dem Harz
Von Hexentanz und Silberglanz
ISBN 978-3-7408-0545-6

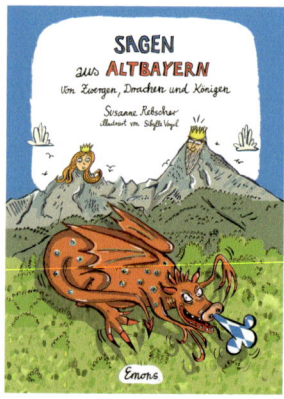

Susanne Rebscher
Sagen aus Altbayern
Von Zwergen, Drachen
und Königen
ISBN 978-3-7408-0325-4

Susanne Rebscher
Sagen aus Franken
Von Geistern, Gold
und wilden Rittern
ISBN 978-3-7408-0103-8

Elena Rosa Gil
Mein Bayern ABC
ISBN 978-3-7408-0111-3

Elena Rosa Gil
Mein Berlin ABC
ISBN 978-3-7408-0113-7

Elena Rosa Gil
Mein Schwaben ABC
ISBN 978-3-7408-0112-0

Elena Rosa Gil
Mein Kölner ABC
ISBN 978-3-95451-895-1

Anne Scheller, Anne Bernhardi
Mein Niedersachsen-Buch
ISBN 978-3-7408-0324-7

Ute Friesen, Anne Bernhardi
Mein Hessen-Buch
ISBN 978-3-7408-0323-0

Ingrid Annel, Anne Bernhardi
Mein Thüringen-Buch
ISBN 978-3-7408-0100-7

Silke Vry, Anne Bernhardi
Mein Hamburg-Buch
ISBN 978-3-7408-0099-4

Schnell.
Wirksam.
Erstattungsfähig.*

Erhältlich in Ihrer Apotheke!

Läuse-Shampoo 10
100 ml
PZN 10415469

Für die ganze Familie:
200 ml
PZN 10415475

mosquito®
med

läuse
shampoo 10

Beseitigt
Läuse & Nissen

mosquito®
med

läuse
shampoo 10

Beseitigt
Läuse & Nissen

10min
wirkzeit

10min
Einwirkzeit

⊘ Wirksamkeit
klinisch bestätigt*

☺ Nach der Anwendung
einfach ausspülen

ORIGINAL
sehr gut
dermatest®

★★★★★
5-sterne-garantie.de
KLINISCH GETESTET

* Für Kinder bis 12 Jahre und
Jugendliche mit Entwicklungsstörungen bis 18 Jahre werden
die Kosten für mosquito® med
Läuse-Shampoo 10 bei Vorlage
eines ärztlichen Rezeptes von
den Krankenkassen erstattet.

www.mosquito-läuse.de

Fotonachweis

Kapitel 1, 6, 28, 42, 44, 64, 71, 83, 85, 87: www.pixabay.com; Kapitel 2: shutterstock.com/Alexander Rochau; Kapitel 7: shutterstock.com/Photoline; Kapitel 9: shutterstock.com/Fotosr52; Kapitel 11: shutterstock.com/ Komarova Julia; Kapitel 13: shutterstock.com/wavebreakmedia; Kapitel 17: shutterstock.com/Kaganovych Valentyn; Kapitel 18: © Michi Schunck; Kapitel 19: shutterstock.com/Peter Djordjevic; Kapitel 23: shutterstock.com/ pixelklex; Kapitel 26: shutterstock.com/Shane Degeus; Kapitel 27: shutterstock.com/MAHATHIR MOHD YASIN; Kapitel 31: shutterstock.com/ Sharaf Maksumov; Kapitel 32: shutterstock.com/Africa Studio; Kapitel 34: shutterstock.com/Ollinka; Kapitel 35: shutterstock.com/Alex Violet; Kapitel 37: shutterstock.com/yelantsevv; Kapitel 40: shutterstock.com/Richard Salamander; Kapitel 47: shutterstock.com/adriaticfoto; Kapitel 52: shutterstock.com/PhotoSGH; Kapitel 53: shutterstock.com/Daria Chichkareva; Kapitel 54: shutterstock.com/B-D-S Piotr Marcinski; Kapitel 55: shutterstock.com/Oleksandr Nagaiets; Kapitel 59: shutterstock.com/Africa Studio; Kapitel 60: shutterstock.com/Zamurovic Photography; Kapitel 62: shutterstock.com/Lella b; Kapitel 63: © Feiler; Kapitel 66: shutterstock.com/ SpeedKingz; Kapitel 67: © christianiabikes; Kapitel 69: shutterstock.com/ Maridav; Kapitel 72: shutterstock.com/gorillaimages; Kapitel 73: shutterstock.com/swissdrone; Kapitel 79: shutterstock.com/SpeedKingz; Kapitel 80: shutterstock.com/Lightfield Studios; Kapitel 88: shutterstock.com/sritakoset; Kapitel 89: shutterstock.com/MidoSemsem; Kapitel 93: ?; Kapitel 94: shutterstock.com/279photo Studio; Kapitel 95: shutterstock.com/Bevisphoto; Kapitel 97: Philips/Avent; Kapitel 98: shutterstock.com/SaikoE; Kapitel 100: tonies®; Kapitel 101: shutterstock.com/Newman Studio; Kapitel 103: shutterstock.com/kryzhov; Kapitel 104: shutterstock.com/Gtbov; Kapitel 105: shutterstock.com/Bearok; Kapitel 107: shutterstock.com/wong yu liang; Kapitel 108: shutterstock.com/Kostenko Iryna; Kapitel 110: shutterstock.com/Halfpoint; Kapitel 111: shutterstock.com/Alexey Fedorenko

ALLES FÜR MAMA & BABY

Wir freuen uns auf Ihren Besuch unter
www.baby-walz.de und in unseren **Filialen**

Die Autorin

Daniela Clément ist Redakteurin und Texterin. Laut Medizinern hätte sie keine Kinder haben können. Sie hat aber nicht auf die Ärzte gehört und trotzdem zwei bekommen. Seitdem ist nichts mehr so wie vorher – denn alles ist lauter, bunter und witziger in ihrem Leben.